José Mauro
de Vasconcelos

Mein kleiner Orangenbaum

Zu diesem Buch

Sesé ist ein wunderlicher kleiner Junge. Immer nimmt er sich fest vor, brav zu sein, aber wie soll man widerstehen, wenn sich die Gelegenheit zu einem herrlichen Streich bietet? Seine Familie glaubt, der Teufel stecke ihm in den Knochen, und will ihm den Schabernack mit allen Mitteln austreiben. Von den Erwachsenen missverstanden, flüchtet Sesé sich in seine eigene Welt – eine Welt, in der die Hühner im Hinterhof zu wilden Panthern werden, die bunten Papierdrachen singend am Himmel tanzen und ein kleiner Orangenbaum ihn zu Abenteuern überredet. Und irgendwo, da ist er sich sicher, wartet der beste Mensch der Welt auf ihn. Mit der weltweit geliebten Geschichte einer Kindheit schuf José Mauro de Vasconcelos einen zeitlosen Klassiker und eine Ode an die Macht der Freundschaft und der Fantasie.

»*Mein kleiner Orangenbaum* ist ebenso herzzerreißend wie herzerwärmend.«
The National

Der Autor

José Mauro de Vasconcelos (*1920 in Rio de Janeiro) war ein brasilianischer Schriftsteller und Schauspieler. Er studierte zeitweise Medizin, Jura, Philosophie und Design und arbeitete u. a. als Fischer, Boxtrainer, Lehrer, als Model und auf einer Plantage. Schließlich machte er das Schreiben zum Beruf. Sein weltweit gefeierter Erfolgsroman *Mein kleiner Orangenbaum* ist ein Klassiker der brasilianischen Literatur, wurde für Fernsehen und Kino adaptiert und in zahlreiche Sprachen übersetzt. Vasconcelos starb 1984 in São Paulo.

Die Übersetzerin

Marianne Jolowicz (1912–1995) arbeitete als Grafikerin und als Übersetzerin für portugiesischsprachige Literatur. Zu ihren Übersetzungen zählen u. a. Werke von Osman Lins.

Mehr über den Autor und sein Werk auf *www.unionsverlag.com*

José Mauro de Vasconcelos

Mein kleiner Orangenbaum

Roman

Aus dem Portugiesischen von Marianne Jolowicz

Unionsverlag

Die Originalausgabe erschien 1968 bei Edições Melhoramentos, São Paulo.
Die deutsche Erstausgabe erschien 1970 unter dem Titel
Wenn ich einmal groß bin im Marion von Schröder Verlag, Hamburg.

Im Internet
Aktuelle Informationen, Dokumente und Materialien
zu José Mauro de Vasconcelos und diesem Buch
www.unionsverlag.com

Unionsverlag Taschenbuch 1025

Originaltitel: Meu Pé de Laranja Lima

Neptunstrasse 20, CH-8032 Zürich
Telefon +41 44 283 20 00
mail@unionsverlag.ch

Reihengestaltung: Heinz Unternährer
Umschlag: Flora Press/Flora Production
Umschlaggestaltung: Peter Löffelholz
Druck und Bindung: CPI – Clausen & Bosse, Leck
Verantwortliche Person in der EU i.S.d. Produktsicherheitsverordnung:
Verlag C.H.Beck GmbH & Co. KG, Wilhelmstr. 9, D-80801 München
produktsicherheit@beck.de
ISBN 978-3-293-71025-2
3. Auflage, April 2026

Der Unionsverlag wird vom Bundesamt für Kultur mit einem
Verlagsförderungs-Strukturbeitrag für die Jahre 2026–2028 unterstützt.

FÜR DIE LEBENDEN:

Ciccillo Matarazzo
Mercedes Cruañes Rinaldi
Erich Gemeinder und
Dorival Lourenço da Silva (Dodô)
außerdem für
Francisco Marins und
Arnaldo Magalhães de Giacomo
und dann noch für
Helena Rudge Miller (Piu-piu!)
und, nicht zu vergessen,
auch für meinen »Sohn«
Fernando Seplinsky

FÜR DIE TOTEN:

Als Ausdruck unauslöschlicher Sehnsucht für meinen Bruder Luís, den König Luís, und meine Schwester Gloria.
Luís starb mit zwanzig Jahren, und auch Gloria fand mit vierundzwanzig Jahren, dass es sich nicht lohne weiterzuleben.
Mit der gleichen Sehnsucht aber auch für Manuel Valadares, der dem Sechsjährigen beibrachte, was echte Zuneigung bedeutet …
Mögen sie alle in Frieden ruhen!

INHALT

Erster Teil

MANCHMAL KOMMT ZU WEIHNACHTEN DAS TEUFELSKIND AUF DIE WELT

ALLERLEI ENTDECKUNGEN

Wir hielten einander bei der Hand und schlenderten die Straße entlang. Totoca erklärte mir, wie es im Leben so zugeht. Und ich war glücklich, weil mein großer Bruder mich festhielt und mir so viel beibrachte. Freilich nur die Dinge, die es außerhalb des Hauses gab. Denn drinnen lernte ich allein und fand alles selber heraus. Aber was ich auch tat, ich machte es verkehrt, und weil ich es verkehrt machte, setzte es Hiebe. Bis noch vor ganz Kurzem hatte mich nie jemand geschlagen. Aber dann entdeckten sie dies und das, was ich angestellt hatte, und sie sagten, ich sei garstig, frech und ungezogen. Das mochte ich gar nicht. Wäre ich jetzt nicht auf der Straße, so würde ich zu singen anfangen. Singen war herrlich. Totoca konnte noch etwas anderes, er konnte pfeifen. Aber sosehr ich mich auch bemühte, ihm das nachzumachen – es kam nichts dabei heraus. Er tröstete mich und sagte, das sei nun mal so und mein Mund sei noch zu klein zum Pfeifen. Weil ich ja nun nicht laut singen konnte, sang ich ganz heimlich in mir drin. Das war ein bisschen sonderbar, aber es machte mir Spaß. Und mir fiel ein Lied ein, das Mama gesungen hatte, als ich noch ganz klein gewesen war. Sie stand an der Waschhütte im Freien, hatte eine Schürze umgebunden und wegen der Sonne ein Tuch um den Kopf. Stundenlang arbeitete sie mit den Händen im Wasser und machte sehr viel Seifenschaum. Später wrang sie dann die Wäsche aus und trug sie zur Leine. Sie klammerte alles an der Leine fest und stützte sie mit

Bambusstangen ab. Sie wusch die Wäsche für Dr. Faulhaber, um etwas dazuzuverdienen.
Mama war groß und mager, aber sehr hübsch. Sie hatte bräunliche Haut und glattes schwarzes Haar. Wenn sie das Haar offen trug, reichte es ihr bis zum Gürtel. Es war wunderschön, wenn sie sang und ich bei ihr stand und mitlernte.

Seemann, Seemann,
Weil ich bittren Kummer hab,
Deinetwegen, Seemann
Sinke ich ins Grab.

> *Die Wellen, die rauschten*
> *Und rollten zum Strand,*
> *Doch der Seemann ist fort,*
> *An den Liebe mich band.*

Matrosenliebe
Hat keinen Bestand.
Das Schiff stach in See,
Und mein Seemann verschwand.

> *Die Wellen, die rauschten …*

Dieses Lied machte mich immer traurig, ohne dass ich wusste, warum.
Totoca gab mir einen Schubs. Ich fuhr zusammen.
»Was ist denn, Sesé?«
»Nichts. Ich hab gesungen.«
»Gesungen?«
»Ja.«
»Dann muss ich ja wohl taub sein.«

Ob er wirklich nicht wusste, dass man innerlich singen kann? Ich hielt den Mund. Wenn er das nicht kannte, warum sollte ich es ihm beibringen?

Wir waren bis zu der Landstraße gekommen, die von Rio nach São Paulo geht. Hier fuhr alles vorbei. Lastwagen, Autos, Pferdewagen und Fahrräder.

»Pass gut auf, Sesé, das ist wichtig. Erst einmal genau gucken. Nach der einen Seite, dann nach der anderen Seite. Jetzt!«

Wir rannten über die Straße.

»Hast du Angst gehabt?«

Eigentlich hatte ich. Aber ich schüttelte den Kopf.

»Nun noch einmal zusammen. Dann will ich sehen, ob du es allein kannst.«

Wir liefen zurück.

»Jetzt du allein. Keine Angst, du bist doch ein großer Junge.«

Das Herz schlug mir bis zum Hals.

»Jetzt. Lauf!«

Ich sauste ab und kam atemlos drüben an. Dann wartete ich, bis er winkte, ich solle zurückkommen.

»Das erste Mal hast du es sehr gut gemacht. Aber du hast etwas vergessen. Du musst nach beiden Seiten schauen, ob ein Wagen kommt. Ich werde nicht immer da sein, um für dich aufzupassen. Auf dem Rückweg wollen wir es noch einmal üben. Nun komm, ich will dir was zeigen.« Er nahm mich an der Hand, und wir gingen langsam weiter. Ich dachte an etwas, worüber Onkel Edmundo mit mir gesprochen hatte.

»Totoca.«

»Ja?«

»Ist es sehr schwer, vernünftig zu sein?«

»Was ist denn das für ein Quatsch?«

»Onkel Edmundo hat es gesagt. Er hat gesagt, dass ich ›altklug‹

bin und dass ich bald vernünftig werde. Aber ich merke noch gar nichts.«

»Onkel Edmundo ist blöd. Er stopft dir den Kopf voll mit dummem Zeug.«

»Er ist nicht blöd. Er ist gelehrt. Und wenn ich groß bin, möchte ich auch gelehrt sein und ein Dichter und keinen Schlips tragen, sondern eine Schleife. Und dann will ich einmal damit fotografiert werden.«

»Warum denn mit einer Schleife?«

»Weil niemand ein Dichter ist, wenn er nicht eine Schleife trägt. Wenn Onkel Edmundo mir Bilder von Dichtern in einer Zeitschrift zeigt, dann haben sie immer große Schleifen um.«

»Sesé, du darfst nicht alles glauben, was er dir erzählt. Onkel Edmundo ist ein bisschen plemplem. Manchmal flunkert er auch.«

»Ist er dann ein Scheißkerl?«

»Du hast wohl noch nicht genug auf den Mund gekriegt für all deine Schimpfwörter, was? Nein, das ist Onkel Edmundo nicht. Ich habe gesagt plemplem. Ein bisschen übergeschnappt.«

»Du hast gesagt, er flunkert auch.«

»Das eine hat mit dem anderen nichts zu tun.«

»Doch. Neulich hat Papa mit Senhor Severino geredet. Das ist der, mit dem er immer ›Argolo‹ spielt. Und da hat er über Senhor Labonne gesagt: ›Der alte Scheißkerl lügt wie gedruckt …‹ Und niemand hat ihm deswegen eins auf den Mund gegeben.«

»Große Leute dürfen so was sagen, da macht das nichts.«

Wir schwiegen eine Weile.

»Onkel Edmundo ist aber nicht … Was heißt eigentlich plemplem, Totoca?«

Er tippte mit dem Finger auf die Stirn.

»Nein, nein, das ist nicht wahr. Er ist nett, und er erklärt mir so viel, und bis jetzt hat er mich nur einmal verhauen, und da auch bloß ein bisschen.«

Totoca fuhr auf.

»Er hat dich verhauen? Wann denn?«

»Als ich mich danebenbenommen habe und Gloria mich zur Großmama geschickt hat. Da wollte er Zeitung lesen und konnte seine Brille nicht finden. Er suchte und suchte und war ganz außer sich. Er fragte Großmama, und die wusste es auch nicht. Die beiden stellten das ganze Haus auf den Kopf. Da sagte ich, ich weiß, wo sie ist, und ich sage es auch, wenn du mir einen Zehner für Murmeln gibst. Er holte einen Zehner aus seiner Westentasche. ›Bring sie mir, dann kriegst du ihn.‹

Ich ging an den Korb mit der Schmutzwäsche und nahm sie raus.

›Das hast du getan, du Nichtsnutz!‹

Er gab mir eins hintendrauf und steckte den Zehner wieder ein.«

Totoca lachte.

»Da läufst du zu ihnen, damit du zu Haus keine Prügel kriegst, und dann beziehst du sie erst recht. Geh jetzt etwas schneller, sonst kommen wir nie an.«

Ich dachte immer noch an Onkel Edmundo.

»Totoca, bekommen Kinder Pension?«

»Was?«

»Onkel Edmundo tut nichts, verdient aber Geld. Er arbeitet nicht, und die Behörde bezahlt ihm jeden Monat Pension.«

»Na und?«

»Kinder tun auch nichts, essen, schlafen und kriegen Geld von ihren Eltern.«

»Pension ist was anderes, Sesé. Pensioniert wird man, wenn man sehr viel gearbeitet hat und schlohweiß ist und nur ganz langsam gehen kann, so wie Onkel Edmundo. Aber wir wollen nicht von so was reden. Meinetwegen lass dir das alles von ihm erklären. Ich tu's nicht. Sei doch wie andere Kinder! Sag ruhig mal ein Schimpfwort, aber denk nicht über solchen Kram nach. Sonst nehme ich dich in Zukunft nicht mehr mit.«

Ich war ein bisschen gekränkt und mochte nichts mehr sagen. Der kleine Vogel, der in mir gesungen hatte, war davongeflogen. Wir blieben stehen und Totoca zeigte auf ein Haus.

»Das ist es. Gefällt es dir?«

Es war ein ganz gewöhnliches Haus. Weiß mit blauen Fensterläden. Verschlossen und sehr still.

»Doch. Aber warum müssen wir hierherziehen?«

»Es ist doch gut, wenn man immer mal wieder umzieht.«

Durch den Gartenzaun sahen wir, dass auf der einen Seite ein Mangobaum, auf der anderen eine Tamarinde stand.

»Du bist immer so neugierig, aber von dem, was zu Hause wirklich los ist, davon hast du keine Ahnung. Du weißt doch, dass Papa arbeitslos ist! Vor einem halben Jahr hat er mit Mister Scottfield Krach bekommen, und da haben sie ihn auf die Straße gesetzt. Hast du nicht gemerkt, dass Lalá jetzt in der Fabrik arbeitet? Weißt du nicht, dass Mama in der Stadt arbeitet, in der englischen Weberei? Na also, du Trottel. Warum tun sie das? Um die Miete für das neue Haus zusammenzukriegen. Für das andere ist Papa sie schon seit acht Monaten schuldig. Ich werde auch aufhören müssen, Messdiener zu sein, damit ich zu Hause mithelfen kann. Du bist noch viel zu klein, um das alles zu begreifen.«

Eine Zeit lang waren wir still.

»Totoca, werden der schwarze Panther und die beiden Löwinnen mit hierherkommen?«

»Natürlich nehmen wir die mit. Und mein kleiner Sklave hier wird den Hühnerstall abreißen müssen.«

Er sah mich freundlich und ein wenig mitleidig an.
»Keine Sorge! Ich werde den Zoo selber abbauen und wieder aufstellen.«
Erleichtert atmete ich auf. Denn sonst hätte ich ein neues Spiel für meinen kleinen Bruder Luís erfinden müssen.
»Also, Sesé, nun hast du gesehen, dass ich dein Freund bin. Jetzt musst du mir auch endlich erzählen, wie du *das* fertiggebracht hast.«
»Ich schwöre dir, Totoca, ich weiß es nicht. Ich weiß es ganz bestimmt nicht.«
»Du lügst. Du hast es von irgendwem gelernt.«
»Nein, ich hab es nicht gelernt. Niemand hat es mir beigebracht. Höchstens der Teufel. Jandira sagt, der ist mein Pate und hat es mich im Schlaf gelehrt.«
Totoca konnte die Sache nicht verstehen. Anfangs hatte er mir sogar Ohrfeigen gegeben, um mich zum Reden zu bringen. Aber ich wusste es ja wirklich nicht.
»Keiner kann so was von allein.«
Aber schließlich hatte niemand irgendwen gesehen, der mir irgendwas beibrachte. Und so war und blieb es ein Rätsel.
Ich dachte an das zurück, was sich vor einer Woche zugetragen hatte. Die ganze Familie war außer sich gewesen. Es hatte damit angefangen, dass ich mich in Großmamas Haus dicht neben Onkel Edmundo setzte, der eben die Zeitung las.
»Onkel?«
»Was willst du, mein Junge?«
Er schob seine Brille auf die Nasenspitze, wie es alle großen Leute tun, wenn sie alt werden.
»Wann hast du lesen gelernt?«
»So ungefähr mit sechs oder sieben Jahren.«
»Und darf man schon mit fünf Jahren lesen lernen?«

»Natürlich darf man. Aber keiner sieht das gern, denn da sind die Kinder noch zu klein.«

»Wie hast du lesen gelernt?«

»Wie alle Welt, aus der Fibel. Erst ein *B* und dann ein *A*, und das gibt zusammen *BA*.«

»Muss man das denn so machen?«

»Soviel ich weiß, ja.«

»Muss man wirklich?«

Nachdenklich sah er mich an.

»Ja, Sesé, das ist nun mal so. Jetzt lass mich aber fertig lesen. Du kannst nachgucken, ob du hinten im Garten Guajaven findest.«

Er rückte die Brille zurecht und versuchte, sich wieder in seine Lektüre zu vertiefen. Aber ich wich nicht von der Stelle.

»Wie schade …«

Dieser Seufzer gelang mir mit so viel Ausdruck, dass er seine Brille noch einmal nach vorn schob. »Du gibst einfach keine Ruhe, wenn du was im Kopf hast …«

»Ja, sieh mal, ich bin von zu Hause gekommen, bin wie ein Wilder hergerannt, bloß weil ich dir was erzählen wollte.«

»Also dann schieß los!«

»Nein, nicht so. Erst muss ich wissen, wann du Geld kriegst.«

»Übermorgen.«

Er musterte mich lächelnd.

»Und wann ist übermorgen?«

»Freitag.«

»Könntest du mir am Freitag vielleicht einen ›Mondstrahl‹ aus der Stadt mitbringen?«

»Nun aber langsam, Sesé. Was ist denn ein ›Mondstrahl‹?«

»Das ist das weiße Pferdchen, das ich im Kino gesehen habe. Es gehört Fred Thompson. Und es ist dressiert.«

»Möchtest du ein Pferdchen mit Rädern haben?«
»Aber nein. Ich möchte so eins, das einen Kopf aus Holz hat, an dem Zügel festgebunden sind. Hinten tut man einen Stecken dran, und dann reitet man damit. Ich muss nämlich üben, weil ich später zum Film will.«
»Ich verstehe. Und was kriege ich, wenn ich es dir mitbringe?«
»Ich tu etwas für dich.«
»Gibst du mir einen Kuss?«
»Ich mag nicht so gern Küsse geben.«
»Umarmst du mich?«
Ich schaute Onkel Edmundo sehr liebevoll an. Denn der kleine Vogel in mir drin sagte etwas, und es fiel mir ein, wovon ich so viele Male hatte reden hören. Onkel Edmundo lebte von seiner Frau und von seinen fünf Kindern getrennt. Er war ganz allein und ging so langsam, so langsam ... Ob das nicht daher kam, dass er so viel Sehnsucht nach seinen Kindern hatte? Und die Kinder kamen nie zu Besuch. Ich ging um den Tisch herum und legte meine Arme fest um seinen Hals. Ich fühlte sein weißes Haar weich meine Stirn streifen.
»Das tu ich nicht für das Pferdchen. Was ich dafür machen will, ist etwas ganz anderes. Ich werde lesen.«
»Du kannst lesen, Sesé? Erzähl mir keine Märchen. Wer hat dir denn das beigebracht?«
»Niemand.«
»Du flunkerst.«
Ich stand auf und erklärte von der Tür aus:
»Bring mir das Pferdchen am Freitag mit, dann wirst du schon sehen, ob ich lesen kann.«

Später, als es Abend war, zündete Jandira die Petroleumlampe an, denn das Elektrizitätswerk hatte uns den Strom gesperrt, weil die Rechnung nicht bezahlt worden war. Ich stellte mich auf die Zehenspitzen, um den »Stern« zu betrachten. Das war ein Papier mit einem Stern drauf, und darunter stand der Haussegen.

»Jandira, nimm mich auf den Arm, ich möchte das lesen.«

»Red keinen Unsinn, Sesé. Ich hab anderes zu tun.«

»Heb mich doch hoch, dann siehst du's ja.«

»Hör zu, Sesé, wenn du mich an der Nase herumführst, dann kannst du was erleben.«

Sie nahm mich auf den Arm und trug mich hinter die Tür.

»So, lies! Das möcht ich mal sehen.«

Ich las.

Las das ganze Gebet, dass Gott das Haus segnen und schützen und alle bösen Geister von ihm fernhalten möge.

Jandira stellte mich auf den Boden zurück. Ihr Mund stand offen.

»Sesé, das hast du auswendig gelernt. Du hast mich angeschmiert.«

»Nein, Jandira, ich schwör es dir. Ich kann alles lesen.«

»Keiner kann lesen, ohne es gelernt zu haben. Wer war es? Onkel Edmundo? Großmama?«

»Niemand.«

Sie nahm ein Stück Zeitung, und ich las ihr vor. Las es ganz richtig. Sie rief Gloria. Gloria war ganz aufgeregt und rief Alaide. Zehn Minuten später war die halbe Nachbarschaft versammelt, um das Wunder zu bestaunen …

Und das war es, was Totoca jetzt wissen wollte.

»Er hat es dir beigebracht und dir das Steckenpferd versprochen, wenn du es könntest.«

»Nein, nein, nein.«

»Ich werde ihn fragen.«

»Dann frag ihn doch. Ich weiß wirklich nicht, wie es gekommen ist. Wenn ich es wüsste, würde ich es dir ja erzählen.«

»Na, gehen wir jetzt. Aber du wirst schon noch sehen. Wenn du etwas von mir brauchst ...«

Er nahm mich verärgert an der Hand und zerrte mich nach Hause zurück. Dabei überlegte er offenbar, womit er sich rächen könnte.

»Das hast du davon! Hast es zu früh gelernt, du Dummkopf. Dafür wirst du nun schon im Februar in die Schule kommen.«

Das war Jandiras Idee gewesen. Dann würde sie den ganzen Vormittag lang Ruhe im Haus haben, und gleichzeitig sollte ich lernen, mich anständig zu betragen.

»Wir wollen noch mal üben, wie man über die Straße geht. Denk bloß nicht, dass ich auf dem Schulweg dein Diener sein und dich immer rüberbringen werde. Du bist ja sonst so gescheit, da kannst du das gleich dazulernen.«

»Hier ist das Steckenpferd. Nun wollen wir mal sehen.«

Onkel Edmundo breitete die Zeitung aus und wies auf die Reklame für ein Medikament.

»›Dieses Mittel ist in allen Apotheken und einschlägigen Geschäften zu haben.‹«

Onkel Edmundo rief Großmama aus dem Garten herbei.

»Mama, sogar ›Apotheke‹ hat er richtig gelesen.«

Nun gaben mir beide alles Mögliche zu lesen, und ich las vor. Großmama murmelte etwas von Weltuntergang oder so. Ich bekam das Pferdchen und umarmte Onkel Edmundo aufs Neue. Dann fasste er mich unterm Kinn und sagte gerührt:

»Du wirst es noch weit bringen, du Schlingel. Du heißt nicht umsonst José. Du wirst die Sonne sein, und die Sterne werden um dich leuchten.«

Verständnislos guckte ich ihn an und dachte, er müsse wohl doch etwas plemplem sein.
»Das kannst du nicht verstehen. Es ist die Geschichte von Joseph im Ägypterland. Wenn du etwas größer bist, werde ich sie dir erzählen.«
Ich war versessen auf Geschichten. Je ausgefallener sie waren, desto lieber mochte ich sie.
Ich streichelte mein Steckenpferd, und nach einer Weile schaute ich zu Onkel Edmundo auf und fragte:
»Glaubst du, dass ich nächste Woche schon groß bin?«

EIN GEWISSES ORANGENBÄUMCHEN

Bei uns zu Hause war es so, dass jedes ältere Kind immer ein kleineres betreute. Jandira versorgte Gloria und noch eine andere Schwester, die dann weggegeben wurde, damit sie irgendwo weiter im Norden was Besseres werden sollte. Antonio war ihr Hätschelkind.

Auf mich hatte bis vor Kurzem Lalá aufgepasst. Solange sie mich gern mochte, nämlich; dann wurde sie meiner überdrüssig oder sie hatte sich allzu sehr in ihren Freund verliebt, einen richtigen Gecken mit weiter Hose und sehr kurzer Jacke. Wenn wir sonntags beim Bahnhof »flanierten« (ihr Freund nannte das so), kaufte er mir Bonbons, so viel ich wollte. Damit ich zu Hause nichts ausplauderte. Ich konnte Onkel Edmundo nicht einmal fragen, was das komische Wort bedeutete, denn sonst hätten sie ja was gemerkt.

Meine beiden nächsten Geschwister starben ganz klein, und ich hörte nur von ihnen reden. Sie sollen wie Pinagé-Indios ausgesehen haben, mit brauner Haut und glattem schwarzem Haar. Deshalb hieß das Mädchen Aracy und der Junge Jurandyr. Danach kam mein Bruder Luís. Um ihn kümmerte sich vor allem Gloria, später aber auch ich. Er machte überhaupt keine Mühe, denn netter, lieber und ruhiger als er konnte niemand sein.

Er brauchte nur um etwas zu bitten, und schon stieß ich alle meine Pläne um, auch wenn ich gerade auf die Straße wollte. Er sprach fehlerlos.

»Sesé, gehst du mit mir in den Zoologischen Garten? Heute wird es doch bestimmt kein schlechtes Wetter geben, nicht?«
Es war zu köstlich, wie gut er sich ausdrückte. Aus dem konnte etwas werden, der würde es noch weit bringen.
Ich betrachtete den wolkenlosen blauen Himmel und brachte es nicht übers Herz zu lügen. Denn manchmal, wenn ich gar keine Lust hatte, sagte ich wohl:
»Du bist nicht recht gescheit, Luís. Sieh doch mal das Unwetter, das da hinten aufzieht …«
Diesmal nahm ich ihn also an der Hand, und wir zogen auf Abenteuer in den Garten.
Im Garten gab es den Zoo und Europa, dicht beim Zaun, der unseren Garten von Senhor Julios trennte. Warum es Europa hieß, das hätte nicht einmal mein kleiner Vogel zu sagen gewusst. Da spielten wir Seilbahn. Ich nahm die Knopfschachtel und zog die Knöpfe alle auf eine Schnur. (Onkel Edmundo nannte das Strippe. Ich meinte, Strippe sei Schaufel. Und er sagte, das klinge nur ähnlich, aber Schaufel sei Schippe.) Also, wir knoteten ein Ende am Zaun fest, das andere an Luís' kleinen Fingern. Alle Knöpfe fuhren los, ganz langsam, einer nach dem anderen. In jeder Gondel saßen Bekannte. Es war eine große dunkelschwarze dabei, das war die Gondel vom Schwarzen Biriquino. Während wir so spielten, erklang nicht selten eine Stimme aus dem Nachbargarten:
»Du machst mir doch wohl nicht meinen Zaun kaputt, Sesé?«
»Nein, Dona Dimerinda, Sie können nachsehen.«
»So ist es recht. Spiel nur mit deinem Brüderchen. Findest du das nicht auch besser?«
Vielleicht war es wirklich besser. Aber sobald mich der Teufel, mein »Pate«, ritt, gab es nichts Schöneres, als jemandem einen Streich zu spielen …

»Werden Sie mir wieder einen Kalender zu Weihnachten schenken wie voriges Jahr?«

»Was hast du denn mit dem gemacht, den ich dir letztes Jahr geschenkt habe?«

»Den können Sie drinnen bei uns sehen, Dona Dimerinda; der hängt über dem Brotsack.«

Sie lachte und versprach mir einen. Ihr Mann war im Geschäft von Chico Franco angestellt.

Ein weiteres Spiel war das mit Luciano. Anfangs hatte Luís viel Angst vor ihm gehabt und mich an der Hose gezupft und gebeten umzukehren. Aber Luciano war mein Freund. Wenn er mich sah, stieß er ein schrilles Gekreisch aus. Auch Gloria mochte ihn nicht und behauptete, Fledermäuse seien Vampire und saugten den Kindern das Blut aus.

»Aber nein, Gloria, Luciano nicht. Er ist mein Freund. Er kennt mich doch.«

»Du mit deinem Tierfimmel und mit deiner fixen Idee, dich mit allen Dingen unterhalten zu müssen ...«

Es dauerte lange, bis ich ihnen klargemacht hatte, dass Luciano nicht irgendeine Fledermaus war! Luciano war doch ein Flugzeug, das über den Flugplatz schwebte.

»Guck mal, Luís.«

Luciano zog lustig seine Kreise um uns herum, als hätte er verstanden, was wir sagten. Er verstand es wohl auch wirklich.

»Er ist ein Kunstflieger. Er macht ...«

Ich stockte. Ich musste erst Onkel Edmundo bitten, mir noch einmal das Wort zu sagen. Ich wusste nicht mehr, hieß es nun Akorbatik, Akrobatik oder Arkobatik. Eins davon musste es sein, nur durfte ich meinem kleinen Bruder nicht das falsche beibringen.

Aber jetzt wollte er in den Zoo.

Wir gingen bis dicht an den alten Hühnerstall. Darin scharrten die beiden fast weißen Hähne; die alte, schwarze Henne war so zahm, dass man sie am Hals kraulen konnte.
»Erst wollen wir die Eintrittskarten kaufen. Gib mir die Hand. Bei diesem Gedränge kann ein Kind leicht verloren gehen. Siehst du, wie voll es hier am Sonntag ist?«
Er guckte und entdeckte auf einmal eine Menge Leute ringsum. Ganz fest packte er meine Hand.
An der Kasse streckte ich den Bauch heraus und räusperte mich, um gewichtig zu erscheinen. Ich tat die Hand in die Hosentasche und fragte die Verkäuferin:
»Bis zu welchem Alter haben Kinder freien Eintritt?«
»Bis zu fünf Jahren.«
»Dann ein Erwachsener, bitte.«
Zwei Orangenblätter dienten als Eintrittskarten und wir gingen hinein.
»Zunächst, mein Kind, wirst du sehen, wie wunderschön die Vögel sind. Guck dir die Papageien an, die Wellensittiche, die Aras in allen Farben. Die ganz bunten sind Regenbogenaras.«
Verzückt riss er die Augen auf.
Wir schlenderten gemächlich weiter und sahen alles. Im Hintergrund sahen wir sogar Gloria und Lalá, die auf der Holzbank saßen und Orangen schälten. Lalás Augen folgten mir auf eine Weise ... Hatte sie mich schon wieder erwischt? Wenn ja, dann würde der Ausflug in den Zoo mit einer gewaltigen Tracht Prügel auf das Hinterteil eines gewissen Jemand enden. Und der Einzige, der dieser Jemand sein konnte, war ich.
»Und jetzt, Sesé? Wohin gehen wir jetzt?«
Ich tat wieder wichtig und räusperte mich.
»Jetzt gehen wir zu den Käfigen mit den Affen. Onkel Edmundo sagt immer ›Makaken‹.«

Wir kauften ein paar Bananen und warfen sie den Tieren zu. Wir wussten genau, dass das verboten war, aber bei dem Gedränge achteten die Wärter nicht darauf.
»Geh bloß nicht zu nah ran, sonst werfen sie mit den Schalen nach dir, Kleiner.«
»Ich möchte so gern zu den Löwen.«
»Da gehen wir auch gleich hin.«
Ich warf einen schnellen Blick auf die Stelle, wo die beiden ›Makaken‹ Orangen auslutschten. Vom Löwenkäfig aus würde ich ihre Unterhaltung wohl hören können.
»Da sind wir.«
Ich zeigte auf die beiden gelben Löwinnen aus dem innersten Afrika. Aber dann wollte Luís den Kopf des schwarzen Panthers streicheln.
»Wo denkst du hin, Kleiner! Dieser schwarze Panther ist der Schrecken des Zoos. Man hat ihn hierhergebracht, weil er achtzehn Dompteuren den Arm ausgerissen und aufgefressen hat.«
Luís machte ein ängstliches Gesicht und zog entsetzt den Arm zurück.
»Ist er denn aus dem Zirkus?«
»Ja.«
»Aus welchem Zirkus, Sesé? Das hast du mir noch nie erzählt.«
Hastig dachte ich nach. Wer von den Leuten, die ich kannte, hatte bloß einen geeigneten Namen? Ach ja!
»Er stammt aus dem Zirkus Rozemberg.«
»Aber das ist doch der Bäcker, oder?«
Es war wirklich schwierig, ihm etwas vorzuschwindeln.
Er wurde immer gewitzter.
»Das ist ein anderer. Komm, wir setzen uns jetzt lieber ein bisschen hin und essen unser Frühstück. Wir sind schon so viel gelaufen.«

Wir setzten uns und taten, als ob wir äßen. Dabei spitzte ich die Ohren, um die Unterhaltung mitzukriegen.
»Wir könnten was von ihm lernen, Lalá. Sieh doch nur, wie viel Geduld er mit seinem kleinen Bruder hat.«
»Das schon, aber was er sonst alles ausheckt! Das ist schon fast Bösartigkeit. Nicht einfach Unart.«
»Stimmt, er hat den Teufel im Leib, aber er ist doch so süß. Niemand aus der ganzen Straße kann ihm richtig böse sein, so viel er auch anstellt …«
»Diesmal kommt er nicht davon, wir müssen ihm den Hintern versohlen. Er muss es einmal lernen.«
Ich warf einen flehenden Blick zu Gloria hinüber. Sie hatte mich so oft gerettet, und immer versprach ich ihr, ich würde es nie wieder tun …
»Später. Nicht jetzt. Sie spielen gerade so schön.«
Sie wusste also schon alles. Wusste, dass ich durch den Graben gegangen und in den Hintergarten von Dona Celina eingedrungen war. Die Wäscheleine dort hatte es mir angetan, an der eine Menge Hosenbeine und Ärmel im Wind flatterten. Da flüsterte mir der Teufel ein, ich könnte erreichen, dass all die vielen Arme und Beine im selben Augenblick herunterfielen, und ich musste ihm recht geben, das würde sehr lustig sein. Also suchte ich im Graben nach einer Glasscherbe mit scharfer Kante, stieg auf den Orangenbaum und säbelte geduldig, bis ich das Seil durch hatte. Beinahe wäre ich aus dem Baum gefallen, als die ganze Geschichte herunterklatschte. Ein Schrei, und alles eilte herbei.
»Kommt helfen, Leute, die Wäscheleine ist gerissen!«
Aber eine andere Stimme – ich weiß nicht von woher – schrie noch lauter: »Das war dieser kleine Lausebengel von Senhor Paulo. Ich hab gesehen, wie er mit einer Glasscherbe in der Hand auf den Orangenbaum geklettert ist …«

»Sesé?«
»Was ist, Luís?«
»Sag mal, woher weißt du eigentlich das alles über den Zoo?«
»Ich hab schon so viele in meinem Leben gesehen.«
Das war glatt gelogen. Denn alles, was ich wusste, kam von Onkel Edmundo. Der hatte mir sogar versprochen, mich einmal mitzunehmen. Aber er ging ja so furchtbar langsam; bis man hinkäme, wäre sicher nichts mehr da. Totoca war einmal mit Papa dort gewesen.
»Am liebsten mag ich den in der Rua Baron Drummond in Vila Isabel. Weißt du, wer der Baron Drummond war? Aber das kannst du ja nicht wissen. Bist noch viel zu klein. Dieser Baron muss ein ganz besonderer Freund vom lieben Gott gewesen sein. Denn er hat mitgeholfen, die Tierlotterie und den Zoo zu erschaffen. Wenn du erst ein bisschen größer bist …«
Die beiden Mädchen saßen immer noch auf ihrem Platz.
»Wenn ich erst ein bisschen größer bin, was dann?«
»Ach, was bist du doch für ein Quälgeist mit deiner ewigen Fragerei! Wenn du größer bist, bring ich dir die Tiere und ihre Nummern bei. Bis zu zwanzig. Von da bis fünfundzwanzig sind Kuh, Stier, Bär, Hirsch und Tiger, das weiß ich. Ich kann bloß die Reihenfolge noch nicht, aber ich werde sie lernen, damit ich dir nichts Falsches sage.« Er war das Spiel leid geworden.
»Sesé, kannst du mir nicht das Lied vom *Kleinen Haus* singen?«
»Hier im Zoo? Wo so viel Leute sind?«
»Die sind doch schon alle weggegangen.«
»Es ist schrecklich lang. Aber ich will dir das Stück vorsingen, das du so gern hast.«
Ich wusste, es war das, wo die Grillen vorkamen. Also schmetterte ich aus voller Brust:

Woher ich komm, ob du es weißt?
Von einem Haus, das mein Eigen heißt.
Obstbäume stehen ringsumher …
Und liegt's auch winzig wie ein Zwerg
Ganz hoch da oben auf dem Berg,
Sieht man von dort doch fern das Meer.

Dann übersprang ich eine Menge Strophen.

Unter den Palmen, den bizarren,
Wo all die vielen Grillen schnarren,
Wenn die Sonne sinkt wie ein goldner Ball,
Weit sieht man hinaus von jener Stelle.
Und in dem Garten singt eine Quelle
Und bei der Quelle die Nachtigall.

Ich hielt inne. Die beiden saßen immer noch da und warteten auf mich. Ich wollte weitersingen bis zum Einbruch der Dunkelheit. Dann würden sie es wohl aufgeben.
Aber falsch gedacht. Ich sang das ganze Lied vom *Kleinen Haus*, wiederholte es, sang *Für deine schnell verflogne Zärtlichkeit* und sogar *Ramona*. Die beiden verschiedenen Texte von *Ramona*, die ich kannte – es half alles nichts. Ich war ganz verzweifelt. Besser ein Ende mit Schrecken. Ich ging hin.
»Schluss, Lalá. Kannst mich hauen.«
Ich drehte mich um und streckte ihr hin, was sie brauchte. Dann biss ich die Zähne zusammen, denn Lalá hat eine verflixte Kraft in der Hand, wenn sie ihren Pantoffel schwingt.

Mama war es, die den Vorschlag machte.
»Heute gehen wir alle zusammen uns das Haus anschauen.«
Totoca zog mich zur Seite und flüsterte mir zu:

»Wenn du petzt, dass du das Haus schon kennst, schlag ich dich kaputt.«

Aber ich hatte nicht einmal daran gedacht.

Die ganze große Schar zog durch die Straßen. Gloria nahm mich bei der Hand; sie hatte den Auftrag, mich keinen Augenblick loszulassen. Ich führte Luís.

»Wann ziehen wir eigentlich um, Mama?«

Mama antwortete Gloria mit einem Anflug von Traurigkeit:

»Zwei Tage nach Weihnachten müssen wir wohl anfangen zu packen.«

Sie sprach mit einer Stimme, die müde klang, so müde. Sie tat mir sehr leid. Mama muss wirklich nur zum Arbeiten auf die Welt gekommen sein. Sie war sechs Jahre alt gewesen, als die Fabrik gebaut wurde, und da hatte sie schon arbeiten müssen. Sie setzten Mama mitten auf einen Tisch, und da saß sie dann und machte Eisenteile sauber und rieb sie wieder trocken. Sie war so klein, dass sie sich auf dem Tisch nass machte, weil sie noch nicht allein herunterklettern konnte … Deshalb war sie auch nie zur Schule gegangen und hatte nicht einmal Lesen gelernt. Als ich diese Geschichte aus ihrer Kindheit hörte, nahm ich mir vor, ihr alle meine Gedichte vorzulesen, wenn ich erst einmal Dichter und Gelehrter sein würde …

In den Läden und Buden kündigte sich Weihnachten an. Wo immer Glasscheiben in einer Tür waren, hatten sie Weihnachtsmänner draufgemalt. Viele Leute kauften schon jetzt ihre Glückwunschkarten, weil später die Geschäfte zu voll sein würden. Ich hatte eine leise Hoffnung, dass diesmal das Christkind kommen würde – auch zu mir. Wenn ich jetzt endlich anfing, vernünftig zu sein, dann würde ich doch vielleicht auch ein bisschen artiger werden.

»Da ist es.«
Alle waren begeistert. Das Haus war ein wenig kleiner als das andere. Mama bog mit Totocas Hilfe den Draht auf, der die Gartenpforte zuhielt, und alle stürmten hinein. Gloria ließ meine Hand los und vergaß völlig, dass sie kein Kind mehr war. Sie stürzte geradewegs auf den Mangobaum zu und umarmte ihn.
»Der Mangobaum gehört mir. Ich war die Erste.«
Antonio machte dasselbe mit der Tamarinde.
Für mich blieb nun gar nichts mehr übrig. Fast weinend schaute ich zu Gloria hin.
»Und ich, Gloria?«
»Lauf hinters Haus! Da gibt es sicher noch mehr Bäume, du Dummkopf!«
Ich rannte hin, fand aber nur wucherndes Gras und eine Gruppe alter, stachliger Orangenbäume. Dicht beim Graben stand noch ein sehr kleiner Orangenbaum. Ich war enttäuscht. Die anderen sahen sich drinnen die Zimmer an und bestimmten, wer welches haben sollte.
Ich zupfte Gloria am Rock.
»Es war nichts mehr da.«
»Du kannst eben nicht richtig suchen. Warte einen Augenblick, ich werde einen Baum für dich finden.«
Bald darauf kam sie mit mir. Prüfend sah sie die Orangenbäume an.
»Magst du den da nicht? Das ist ein schöner Orangenbaum.«
Ich mochte keinen von ihnen. Weder diesen noch den daneben. Einfach keinen. Alle hatten sie viele Stacheln.
»Lieber als diese hässlichen Dinger will ich dann schon den ganz kleinen Orangenbaum haben.«
»Wo?«
Wir gingen hin.

»Das ist aber wirklich ein wunderschönes Orangenbäumchen! Schau doch, es hat keinen einzigen Stachel. Und man sieht schon von Weitem, dass es eine Limaorange ist. Wenn ich so ein kleiner Mann wäre wie du, ich wünschte mir auch keine andere als die.«

»Aber ich hätte doch so gern einen großen Baum gehabt!«

»Nun überleg doch mal, Sesé. Das Bäumchen ist noch ganz jung. Später wird es ein richtig großer Orangenbaum. Ihr beide werdet miteinander wachsen. Ihr werdet euch so gut verstehen wie zwei Brüder. Hast du den Ast gesehen? Es ist zwar der einzige, den es hat, aber sieht es nicht aus wie ein Pferdchen?«

Ich fühlte mich bedauernswert. Meine Gedanken schweiften zurück zu der Schnapsflasche mit den Engeln auf dem Etikett. Lalá sagte: »Der da bin ich.« Gloria zeigte auf einen anderen, der sollte sie sein. Totoca suchte sich den nächsten aus. Und ich? Für mich blieb nur das Köpfchen ganz hinten übrig, das beinahe keine Flügel hatte. Der vierte Engel, der nicht mal ein ganzer Engel war. Immer kam ich als Letzter dran. Wenn ich groß wäre, dann würde ich es ihnen zeigen! Dann würde ich ein Stück Urwald kaufen, und alle Bäume, die bis zum Himmel reichten, die gehörten dann mir. Ich würde ein ganzes Lager von Flaschen kaufen mit Engeln drauf, und niemand bekäme auch nur das kleinste Stück von einem Flügel.

Ich war böse, setzte mich auf den Boden und lehnte meinen ganzen Ärger an den Stamm des Orangenbäumchens. Gloria ging lächelnd davon.

»Der Kummer geht bald vorüber, Sesé. Später wirst du schon sehen, dass ich recht gehabt habe.«

Ich stocherte mit einem Stock in der Erde herum und hörte nach und nach auf zu schmollen. Eine Stimme erklang, ich weiß nicht woher, dicht bei meinem Herzen:

»Ich glaube, deine Schwester hat ganz recht.«
»Immer haben sie alle recht! Bloß ich nicht.«
»Das ist nicht wahr. Und wenn du mich richtig angucktest, würdest du es bald merken.«
Erschrocken stand ich auf und sah das Bäumchen an. Etwas kam mir sonderbar vor; zwar hatte ich immer schon mit allen Dingen gesprochen, aber ich hatte gemeint, es sei der kleine Vogel in mir drin, der mir so selbstverständlich antwortete.
»Kannst du denn reden?«
»Das hörst du doch.«
Es lachte ganz leise. Vor Schreck wäre ich beinahe davongelaufen, aber dann siegte meine Neugierde.
»Wie kannst du denn reden?«
»Bäume reden mit allem. Mit den Blättern, mit den Zweigen, mit den Wurzeln. Willst du mal sehen? Leg dein Ohr an meinen Stamm, dann hörst du mein Herz schlagen.«
Erst war ich etwas unentschlossen. Aber als ich seine Größe bedachte, überwand ich meine Angst. Ich trat hinzu und horchte, und tatsächlich, irgendetwas in seinem Inneren machte ganz leise tick … tick …
»Siehst du wohl?«
»Sag mir eins: Wissen alle, dass du sprechen kannst?«
»Nein. Nur du.«
»Stimmt das auch?«
»Ich schwöre es. Eine Fee hat mir gesagt, wenn ein kleiner Junge, so wie du, mein Freund wäre, dann könnte ich sprechen und wäre sehr glücklich.«
»Und wirst du warten?«
»Worauf?«
»Bis ich hierherziehe. Das dauert noch mehr als eine Woche. Wirst du inzwischen nicht das Reden verlernen?«

»Niemals mehr! Das heißt, nur für dich. Willst du mal ausprobieren, wie schmiegsam ich bin?«
»Wie meinst du das?«
»Steig auf meinen Ast!« Ich gehorchte.
»So. Nun schaukle dich ein bisschen und mach dabei die Augen zu!« Ich tat, was das Bäumchen sagte.
»Na, was meinst du jetzt? Hast du jemals ein besseres Pferd gehabt?«
»Nie. Es ist herrlich! Jetzt will ich sogar ›Mondstrahl‹ – das ist mein Steckenpferd – meinem kleinen Bruder schenken. Der wird dir gut gefallen, weißt du?«
Als ich abstieg, hatte ich mein Orangenbäumchen bereits über alles lieb.
»Schau, ich hab einen Plan: Immer wenn ich kann, komm ich zu dir, und dann reden wir miteinander, auch schon vor dem Umzug ... Aber jetzt muss ich gehen. Die da vorn gehen schon.«
»Aber, lieber Freund, so verabschiedet man sich doch nicht!«
»Pst! Da kommt sie.«
Gloria erschien gerade in dem Augenblick, als ich das Bäumchen umarmte.
»Lebewohl, mein Freund! Du bist das Schönste, was es auf der Welt gibt.«
»Hab ich's dir nicht gesagt?«
»Ja, das hast du. Wenn ihr mir jetzt den Mangobaum und die Tamarinde gäbt für meinen Baum, ich wollte sie gar nicht haben.«
Sie strich mir mit der Hand ganz leicht übers Haar.
»Was du dir jetzt wieder alles ausgedacht hast!«
Wir fassten uns bei den Händen und machten uns auf den Heimweg.
»Gloria, findest du nicht, dass dein Mangobaum ein bisschen dumm ist?«

»Das mag wohl sein, aber ich kenne ihn noch nicht so gut.«
»Und Totocas Tamarinde?«
»Die sieht etwas plump aus. Warum?«
»Ich weiß nicht recht, ob ich's erzählen darf. Aber irgendwann einmal erzähle ich es dir, Gloria. Es ist ein richtiges Wunder.«

DIE MAGEREN FINGER DER ARMUT

Als ich Onkel Edmundo meine Sorge schilderte, wurde er ernst.

»Also das ist es, was dich bedrückt?«

»Ja, Onkel. Ich hab Angst, dass Luciano nicht mitkommt, wenn wir umziehen.«

»Glaubst du denn, dass die Fledermaus dich so gern hat?«

»Und wie!«

»Richtig von Herzen?«

»Ganz bestimmt.«

»Dann kannst du dich darauf verlassen, dass sie mitkommt. Vielleicht dauert es eine Weile, aber eines Tages ist sie dann da.«

»Ich hab ihr schon gesagt, wie die Straße heißt und welche Hausnummer wir haben.«

»Dann ist es umso leichter. Und wenn sie selber nicht kommen kann, weil sie andere Verpflichtungen hat, dann schickt sie einen Bruder, einen Vetter, irgendeinen Verwandten, und du wirst es dann nicht einmal merken.«

Ich war immer noch nicht ganz beruhigt. Denn was nützt es, Luciano die Hausnummer zu geben, wenn er nicht lesen kann? Aber möglich, dass er dann die Vögel fragte, die Gottesanbeterinnen oder die Schmetterlinge.

»Keine Bange, Sesé, Fledermäuse haben einen guten Orientierungssinn.«

»Was haben sie, Onkel?«

Er erklärte mir, was »Orientierungssinn« bedeutet, und ich war voller Bewunderung für seine Gelehrsamkeit.
Damit war mein Problem gelöst, und ich ging auf die Straße und erzählte aller Welt von dem, was uns bevorstand, vom Umzug.
Die meisten Erwachsenen sagten mit sichtlichem Vergnügen:
»Ihr werdet umziehen, Sesé? Wie gut ... Wie schön ... Welche Erleichterung ...«
Anders war es mit Biriquino.
»Bin froh, dass ihr nicht weit weg zieht. Das ist ja ganz nah von hier. Und die Sache, von der ich dir erzählt habe ...«
»Wann ist das denn?«
»Morgen früh um acht, vor dem Casino Bangu. Die Leute sagen, dass der Fabrikbesitzer einen ganzen Lastwagen voll Spielzeug bestellt hat. Gehst du hin?«
»Ja. Und ich nehme Luís mit. Glaubst du, dass auch ich was abkriege?«
»Natürlich! Solch ein kleines Würstchen wie du! Du denkst wohl, du wärst schon ein Mann?«
Er trat neben mich, und ich merkte, dass ich noch sehr klein war, erheblich kleiner, als ich gedacht hatte.
»Ja, wenn ich auch noch was bekomme ... Aber jetzt muss ich laufen. Wir treffen uns dann morgen dort.«
Ich ging heim und strich immer um Gloria herum.
»Was ist denn, Junge?«
»Du könntest uns eigentlich hinbringen. Da ist ein Lastwagen aus der Stadt, ganz vollgestopft mit Spielzeug.«
»Aber, Sesé! Ich hab doch so viel zu tun! Ich muss bügeln und muss Jandira helfen, alles für den Umzug zu richten. Ich muss mich ums Essen kümmern ...«
»Es kommen auch eine Menge Kadetten von der Militärschule ...«

Gloria hatte zwei Schwächen: Sie sammelte Bilder von Rudolf Valentino, den sie Rudy nannte, und klebte sie in ein Heft; und sie interessierte sich leidenschaftlich für Kadetten.
»Wo hat's denn je so was gegeben? Kadetten morgens um acht! Du willst mich wohl für dumm verkaufen, du Schlingel? Geh spielen, Sesé!« Aber ich ging nicht.
»Weißt du, Gloria, es ist ja nicht so sehr meinetwegen. Ich habe Luís versprochen, dass ich ihn hinbringe. Er ist doch noch so klein. Kinder in seinem Alter denken nur an Weihnachtsgeschenke.«
»Sesé, ich hab dir schon gesagt, dass ich nicht gehe. Und du redest auch nur drumherum: Eigentlich bist du es, der hingehen möchte. Du kannst in deinem Leben noch so viele Weihnachtsgeschenke kriegen.«
»Und wenn ich nun sterbe? Dann bin ich tot und habe nie was zu Weihnachten bekommen.«
»Du stirbst schon nicht so bald, mein Lieber! Wirst zweimal so lange leben wie Onkel Edmundo oder Senhor Benedito. Schluss jetzt damit! Geh spielen!«
Aber ich ging nicht. Ich richtete es so ein, dass sie alle Augenblicke auf mich stieß. Als sie an die Kommode ging, um irgendwas zu suchen, saß ich im Schaukelstuhl und warf ihr einen flehenden Blick zu. Dieser Blick hatte bisher noch immer seine Wirkung getan. Sie wollte Wasser schöpfen, da hockte ich auf der Schwelle und guckte zu ihr auf. Sie ging ins Schlafzimmer, um Wäsche zum Waschen zu holen. Das Kinn in die Hände gestützt, saß ich auf der Bettkante und starrte sie an …
Da hielt sie es nicht mehr aus.
»Jetzt reicht's mir aber wirklich, Sesé. Nein ist nein. Treib es um Himmels willen nicht so weit, dass mir der Geduldsfaden reißt. Geh spielen!«

Aber ich ging nicht. Das heißt, ich bildete mir ein, ich würde nicht gehen. Sie aber packte mich, trug mich ins Freie und setzte mich im Hof ab. Dann ging sie ins Haus zurück und schloss Küchentür und Vordereingang ab. Ich gab mich immer noch nicht geschlagen. Ich saß vor jedem Fenster, an dem sie vorbeikam. Denn jetzt fing sie an, Staub zu wischen und Betten zu machen. Sie sah mich jedes Mal hineinschauen und machte schnell das Fenster zu. Schließlich hatte sie das ganze Haus verschlossen, um mich nicht mehr sehen zu müssen.

»Alte Hexe! Ungeheuer! Wetten, dass du nie einen Kadetten heiratest! Wetten, dass du einen gemeinen Soldaten zum Mann kriegst, der nicht mal einen Fünfer für Schuhcreme hat!«

Als ich einsah, dass ich meine Zeit umsonst vertat, ging ich wütend weg, wieder auf die Straße.

Auf der Straße entdeckte ich Nardino, der mit irgendwas spielte. Er kauerte auf dem Boden und war ganz in sein Spiel vertieft. Ich trat näher heran. Er hatte aus einer Streichholzschachtel einen Wagen gemacht und einen Käfer davorgespannt – noch nie hatte ich einen so großen gesehen.

»Toll ist der!«

»Riesig, nicht?«

»Willst du tauschen?«

»Gegen was?«

»Wenn du vielleicht Bildchen möchtest …«

»Wie viele?«

»Zwei.«

»Das wäre ja noch schöner! So ein Käfer! Und dafür bloß zwei Bildchen?«

»Solche Käfer gibt's haufenweise im Graben bei Onkel Edmundo.«

»Für drei tausch ich.«

»Ich geb dir drei, aber du darfst sie nicht aussuchen.«
»Dann nicht. Mindestens zwei such ich selber aus.«
»Abgemacht.«
Ich gab ihm eins von Laura La Plante, von der ich viele hatte. Und er suchte sich eins von Hoot Gibson und ein anderes von Patsy Ruth Miller aus.
Ich nahm den Käfer, steckte ihn in die Tasche und ging davon.

»Schnell, Luís! Gloria ist Brot kaufen gegangen, und Jandira sitzt im Schaukelstuhl und liest.«
Wir gingen hinaus und schlichen uns durch den Korridor. Ich half ihm rasch noch Pipi machen.
»Mach so viel du kannst, denn auf der Straße darf man das bei Tag nicht tun!«
Dann wusch ich ihm das Gesicht und mir selber auch, und wir gingen ins Zimmer zurück.
Ich zog ihn an, ohne Lärm zu machen. Auch die Schuhe. Grässlich, wenn man Strümpfe anziehen muss! Die haben wirklich keinen anderen Sinn, als einen zu ärgern! Ich knöpfte seinen blauen Anzug zu und suchte nach dem Kamm. Sein Haar wollte und wollte nicht sitzen. So ging es nicht, ich fand aber nirgends Pomade oder Öl. Ich ging in die Küche und kam mit etwas Fett an den Fingerspitzen zurück. Das verrieb ich auf dem Handteller und roch erst dran.
»Es stinkt kein bisschen!«
Ich sengte Luís' Haar und kämmte es dann. Da wurde sein Kopf wunderhübsch. Ganz voll mit kleinen Löckchen, sodass er aussah wie der heilige Johannes mit dem Lamm auf dem Rücken.
»Jetzt bleib stehen, damit du nichts zerdrückst. Ich zieh mich schnell an.«

Während ich in die Hose und in das weiße Hemd schlüpfte, betrachtete ich meinen Bruder. Wie hübsch er war! In ganz Bangu gab es keinen, der so nett aussah wie er.

Ich zog meine Tennisschuhe an; die mussten noch halten, bis die Schule anfing im nächsten Jahr. Ich sah immerfort zu Luís hin. So hübsch war er und so reizend angezogen! Man hätte ihn wirklich für das Jesuskind halten können, bloß ein bisschen größer. Was der für Geschenke kriegen würde! Die brauchten ihn nur anzusehen ...

Ich fuhr zusammen. Gloria war zurückgekommen und legte das Brot auf den Tisch. An den Tagen, wo es Brot gab, knisterte das Papier immer so.

Wir fassten uns bei den Händen und stellten uns vor sie hin.

»Ist er nicht hübsch, Gloria? Ich hab ihn ganz allein so fein gemacht.«

Anstatt zu schimpfen, lehnte sie sich an die Tür und schaute in die Luft. Als sie den Kopf wieder senkte, standen Tränen in ihren Augen.

»Auch du siehst hübsch aus. Ach Sesé ...!«

Sie kniete nieder und drückte meinen Kopf an ihre Brust.

»Mein Gott! Warum muss das Leben für manche Menschen so hart sein ...«

Sie riss sich zusammen und richtete uns noch ein bisschen her.

»Ich hab dir doch gesagt, dass ich euch nicht hinbringen kann. Ich kann es wirklich nicht, Sesé. Ich hab so viel zu tun. Wir wollen jetzt Kaffee trinken, dabei denke ich noch mal drüber nach. Selbst wenn ich wollte, ich hätte keine Zeit mehr, mich fertig zu machen.«

Sie stellte uns den Becher mit Kaffee hin und schnitt Brot. Dabei guckte sie uns beide immer wieder traurig an.

»So viel Mühe, um ein bisschen dummes, wertloses Spielzeug zu kriegen! Aber es können ja wohl auch keine sehr guten Sachen sein, die sie verteilen; es gibt zu viele Arme!« Sie machte eine Pause und fuhr fort: »Vielleicht ist es wirklich die einzige Möglichkeit, dass ihr ... Ich kann's nicht verhindern, dass ihr geht ... Aber, mein Gott, ihr seid noch so klein ...«

»Ich bring ihn schon richtig hin, Gloria. Ich lass ihn die ganze Zeit nicht los. Und über die große Straße müssen wir ja nicht rüber.«

»Auch so ist es noch gefährlich genug.«

»Nein! Ganz bestimmt nicht. Und ich hab ja auch Orientierungssinn.«

Trotz allen Kummers musste sie lachen.

»Wer hat dir denn das schon wieder beigebracht?«

»Onkel Edmundo. Er sagt, Luciano hat das, und wenn Luciano es hat, der so viel kleiner ist als ich, dann hab ich viel mehr davon.«

»Ich muss das mit Jandira besprechen.«

»Da verlieren wir bloß Zeit! Natürlich erlaubt sie es. Jandira tut nichts als Romane lesen und an ihre Verehrer denken. Der ist das ganz egal.«

»Dann wollen wir es so machen: Ihr trinkt euren Kaffee fertig, und dann stellen wir uns an die Gartenpforte. Wenn einer von unseren Bekannten vorbeikommt, der in dieselbe Richtung geht, dann bitte ich ihn, dass er euch mitnimmt.«

Ich wollte kein Brot essen, damit es nicht noch länger dauerte. Wir stellten uns ans Gartentor.

Niemand ging vorbei, nur die Zeit. Aber auch das nahm ein Ende. Denn dann kam Senhor Passion, der Briefträger. Er zog die Mütze, begrüßte Gloria und erklärte sich bereit, uns zu begleiten. Gloria küsste Luís, und sie küsste mich. Lächelnd und etwas erregt fragte sie mich:

»Und wie ist das nun mit dem gemeinen Soldaten und seinen Stiefeln?«

»Gelogen. Das war doch nur Spaß! Du heiratest mal einen Fliegermajor mit lauter Sternen auf der Schulter.«

»Warum seid ihr eigentlich nicht mit Totoca gegangen?«

»Totoca hat gesagt, er geht nicht. Und er hätte auch keine Lust, sich zwei solche Klötze ans Bein zu binden.«

Wir zogen los, Senhor Passion ließ uns vorausgehen und trug die Post in die Häuser. Dann ging er rascher und holte uns ein. So machte er es immer wieder. Als wir an die große Landstraße kamen, lachte er und sagte:

»Kinder, ich hab es sehr eilig, und ihr haltet mich auf. Jetzt geht hier weiter, da ist es ganz ungefährlich.«

Er stürzte davon, das Bündel Briefe und Papier unterm Arm. Empört dachte ich: ›So ein Feigling! Lässt zwei kleine Kinder an der Landstraße im Stich, und das, nachdem er Gloria versprochen hat, sie mitzunehmen!‹

Ich fasste Luís' Hand noch fester, und wir gingen weiter.

Er begann müde zu werden. Immer kleiner wurden seine Schritte.

»Komm, Luís! Es ist gar nicht mehr weit! Und da sind dann viele Spielsachen.«

Erst ging er ein bisschen rascher, aber bald blieb er wieder zurück.

»Sesé, ich bin so müde.«

»Ich trag dich ein Stück, ja?«

Er streckte die Arme hoch, und ich trug ihn eine Weile. Verflixt, er wog wie Blei. Als wir in die Rua do Progresso kamen, war ich es, der nicht mehr konnte.

»Jetzt gehst du wieder ein Stück.«

Die Kirchturmuhr schlug acht.

»Und nun? Wir sollten doch um halb acht da sein.«

»Macht nichts. Da kommen ja so viele Leute! Bestimmt ist noch Spielzeug übrig. Es ist doch ein ganzer Lastwagen voll.«

»Sesé, mein Fuß tut weh.«

Ich beugte mich hinunter.

»Ich mach den Schnürsenkel ein bisschen locker, dann wird's besser.«

Wir kamen immer langsamer voran. Es sah aus, als sollten wir den Markt niemals erreichen. Und danach mussten wir auch noch an der Schule vorbeigehen und rechts in die Straße einbiegen, zum Casino Bangu. Am schlimmsten war es, dass die Zeit leider in Windeseile verflog.

Halbtot vor Müdigkeit kamen wir schließlich an. Keine Menschenseele war zu sehen.

Ob wohl überhaupt keine Spielzeugverteilung stattgefunden hatte? Aber das konnte ja nicht sein, denn die Straße lag voll von zerknülltem Seidenpapier. Der Sand war ganz bunt davon.

Ich begann mich zu sorgen.

Wir hielten vor dem Casino an, gerade als Senhor Coquino das Tor schließen wollte.

Aufgeregt fragte ich den Pförtner:

»Ist denn schon alles vorbei, Senhor Coquino?«

»Ja, Sesé. Ihr seid viel zu spät gekommen. Es waren schrecklich viele Menschen da.«

Er schloss den einen Türflügel und lächelte gutmütig zu uns herüber.

»Es ist gar nichts übrig geblieben. Nicht einmal für meine Neffen.«

Er machte das Tor ganz zu und kam auf die Straße. »Nächstes Jahr müsst ihr früher kommen, ihr Langschläfer!«

»Macht nichts!«

Und ob es was machte! Ich war so traurig und so enttäuscht! Lieber wäre ich tot gewesen, als dass ich das erleben musste.

»Wir wollen uns hierhersetzen. Wir müssen ein bisschen ausruhen.«

»Ich hab solchen Durst, Sesé.«

»Wenn wir nachher bei Senhor Rozemberg vorbeikommen, bitten wir ihn um ein Glas Wasser. Das reicht für uns beide.«

Erst in diesem Augenblick ging ihm die ganze Tragödie auf. Er sagte nichts. Er guckte mich nur an und verzog den Mund zum Weinen, und seine Augen wurden wässrig.

»Macht nichts, Luís. Du kennst doch mein Pferdchen ›Mondstrahl‹, nicht? Ich will Totoca bitten, einen neuen Stecken dranzumachen, und dann bringt es dir der Weihnachtsmann.«

Aber er schluchzte heftig.

»Du musst nicht weinen! Du bist doch ein König. Papa sagt, er hat dich Luís genannt, weil das ein Königsname ist. Und ein König darf nicht auf der Straße weinen, vor den anderen Leuten, verstehst du?«

Ich zog seinen Kopf an meine Brust und strich über seine Locken.

»Wenn ich einmal groß bin, dann kaufe ich ein schönes Auto, wie das von Senhor Manuel Valadares. Von dem Portugiesen, erinnerst du dich? Das, was an uns vorbeifuhr, als wir mal am Bahnhof standen und dem Zug nach Mangaratiba nachwinkten, weißt du? So ein schönes Auto werde ich kaufen und ganz vollgepackt mit Geschenken und für dich allein ... Aber jetzt hör auf zu weinen. Ein König weint nicht.«

Mein Herz explodierte fast vor Traurigkeit.

»Ich schwör dir, dass ich so eins kaufen werde. Selbst wenn ich dafür töten und stehlen müsste ...«

Diesmal war es nicht der kleine Vogel in mir drin, der mir diese Worte eingab. Es muss wohl mein Herz gewesen sein. Ja, das ist es. Das Jesuskind mag mich nicht. Es mag den Ochsen und das Eselchen an der Krippe. Aber mich nicht. Es straft mich, weil ich das Patenkind des Teufels bin. Wenn es meinem Bruder keine Geschenke bringt, dann tut es das, weil es sich an mir rächen will. Aber Luís hat das doch nicht verdient, denn er ist lieb wie ein Engel. Kein Engel im Himmel kann lieber sein als er …

Jetzt konnte auch ich die Tränen nicht mehr zurückhalten.

»Sesé, du weinst ja …«

»Geht gleich vorbei. Ich bin ja auch kein König wie du. Ich bin ein Nichtsnutz. Ein ganz böser Junge, ganz schrecklich böse … Nichts sonst.«

»Totoca, bist du mal wieder im neuen Haus gewesen?«

»Nein. Du denn?«

»Immer wenn ich kann, geh ich auf einen Sprung hin.«

»Aber weshalb denn?«

»Ich will wissen, ob es Knirps gut geht.«

»Wer ist denn nun schon wieder Knirps?«

»Mein Orangenbäumchen.«

»Da hast du wirklich einen passenden Namen gefunden. In so was bist du groß.«

Er lachte und schnipselte weiter an dem Stock herum, aus dem der neue Leib für ›Mondstrahl‹ werden sollte.

»Und geht's ihm gut?«

»Es ist noch kein bisschen gewachsen.«

»Das tut es auch nicht, wenn du alle Augenblicke nachsiehst. Wird er hübsch? Wolltest du den Stecken so haben?«

»Ja, genauso. Totoca, woher kannst du das bloß alles, he? Du machst Käfige und Hühnerställe und Gehege und Zäune und Verschläge …«

»Es kann halt nicht jeder auf die Welt kommen, um ein Dichter zu werden und eine Schleife zu tragen statt einen Schlips. Aber wenn du willst, kannst du alles lernen.«

»Das glaub ich nicht. Dazu muss man ›berufen‹ sein.«
Er hielt einen Augenblick inne und guckte mich halb lachend, halb missbilligend an wegen dieser vermeintlichen Neuerwerbung von Onkel Edmundo.
Großmama war gekommen, um in der Küche »Arme Ritter« zu backen, über die sie Wein träufelte. Das war alles, was es zum Heiligen Abend geben sollte.
Ich sagte zu Totoca:
»Du, weißt du: Es gibt Leute, die haben nicht mal das. Onkel Edmundo hat das Geld für den Wein gegeben und damit wir Obst für den Salat morgen Mittag kaufen können.«
Totoca machte mir die Arbeit umsonst, denn er hatte die Geschichte mit dem Casino Bangu erfahren. So würde wenigstens Luís etwas bekommen, von mir, etwas Altes, Gebrauchtes, aber sehr Schönes, was ich sehr gern hatte.
»Totoca?«
»Ja.«
»Kann es sein, dass wir nichts, aber auch gar nichts zu Weihnachten kriegen?«
»Ich fürchte, ja.«
»Sag mal ehrlich: Glaubst du, dass ich wirklich so schlimm, so böse bin, wie alle sagen?«
»Böse, nein, richtig böse nicht. Aber eins ist sicher, du hast den Teufel im Leib.«
»Wenn doch jetzt Weihnachten ist, dann möchte ich ihn so gern los sein. Ich wäre so froh, wenn einmal in meinem Leben, ehe ich sterbe, das Christkind für mich auf die Welt kommt und nicht das Teufelskind.«
»Wer weiß, vielleicht nächstes Jahr ... Warum lernst du es denn nicht und machst es wie ich?«
»Und wie machst du's?«

»Ich erwarte nichts. Da werd ich dann nicht enttäuscht. Mit dem Jesuskind ist es auch nicht so weit her, wie alle behaupten. Wie es der Pfarrer erzählt und wie es im Katechismus steht ...«
Er hielt inne, offenbar unentschlossen, ob er mir das, was er wirklich dachte, erzählen sollte oder nicht.
»Und wie ist es dann?«
»Na ja, man kann wohl sagen, dass du sehr unartig warst und es nicht anders verdienst. Aber Luís?«
»Der ist ein Engel.«
»Und Gloria?«
»Die auch.«
»Und ich?«
»Na ja, manchmal bist ... bist du wohl ein bisschen zu sehr hinter meinen Sachen her, aber im Grunde bist du sehr nett.«
»Und Lalá?«
»Die haut sehr, sehr fest, aber sie ist gut. Und sie wird mir bestimmt später meine Schleife nähen.«
»Und Jandira?«
»Jandira ist soso, aber böse ist sie nicht.«
»Und Mama?«
»Mama ist sehr lieb; wenn sie mich hauen muss, tut es ihr leid und sie tut es auch nur ganz sacht.«
»Und Papa?«
»Ach! Das weiß ich nicht so recht. Er hat nie Glück. Ich glaube, er war mal so wie ich das schwarze Schaf der Familie.«
»Da hast du es. Die ganze Familie ist nett. Und warum ist das Jesuskind nicht nett zu uns? Geh mal ins Haus von Doktor Faulhaber und sieh dir die vielen Geschenke an. Und bei den Villas-Boas ist es ebenso. Gar nicht zu reden von Doktor Raimundo Paz ...«
Zum ersten Mal sah ich, dass Totoca dem Weinen nahe war.
»Darum denke ich mir, dass das Jesuskind nur deshalb arm auf

die Welt kommen wollte, damit es auffiel. Später sah es dann, dass nur die Reichen was taugen ... Aber reden wir lieber nicht mehr davon. Es kann gut sein, dass das, was ich eben gesagt habe, eine ganz große Sünde ist.«

Er war so niedergeschlagen, dass er sich nicht weiter mit mir unterhalten mochte. Er wandte die Augen nicht mehr von seiner Arbeit an dem Pferdeleib ab, den er jetzt glättete.

Die Mahlzeit am Heiligen Abend verlief trostlos; am besten war es, überhaupt nicht mehr nachzudenken. Alle aßen schweigend, und Papa kostete nur ein kleines Stückchen von den »Armen Rittern«. Er hatte sich nicht einmal rasieren wollen. Sie gingen auch nicht zur Mitternachtsmesse. Am schlimmsten war, dass keiner mit keinem redete. Es war, als feierten wir das Begräbnis des Jesuskindes, nicht seinen Geburtstag.

Papa nahm seinen Hut und ging hinaus. Er ging sogar in Holzpantinen und ohne auf Wiedersehen zu sagen oder »Frohe Weihnachten«. Ich glaube deshalb, weil er uns kein schönes Fest wünschte, war es auch, dass Großmama ihr Taschentuch nahm und sich die Augen wischte und Onkel Edmundo bat, mit ihr wegzugehen. Onkel Edmundo legte einen silbernen Fünfziger in meine Hand und einen anderen in Totocas Hand. Vielleicht hätte er uns gern mehr gegeben, hatte es aber nicht. Vielleicht hätte er es lieber seinen eigenen Kindern in der Stadt geschenkt als uns. Deshalb umarmte ich ihn. Wohl die einzige Umarmung an unserem Weihnachtsabend. Keiner zeigte dem anderen seine Zuneigung oder mochte irgendetwas Nettes sagen. Mama ging ins Schlafzimmer.

Ich bin sicher, sie hat dort heimlich geweint. Und alle hätten am liebsten das gleiche getan. Lalá und ich begleiteten Großmama und Onkel Edmundo zum Gartentor, und als sie sich langsam,

ganz langsam entfernten, sagte sie: »Es sieht aus, als wären sie schon zu alt fürs Leben und als hätten sie schon alles satt …«
Am schwersten wurde es uns ums Herz, als die Kirchenglocken die Nacht mit ihren frohen Klängen erfüllten und ein paar Raketen hochzischten, damit Gott die Fröhlichkeit der anderen sehen konnte.
Als wir wieder hineingingen, waren Gloria und Jandira dabei, das Geschirr zu spülen. Gloria hatte rot verweinte Augen.
Sie tat aber, als ob nichts wäre, und sagte zu Totoca und mir:
»Es ist spät, und Kinder gehören ins Bett.«
Das sagte sie, und dabei guckte sie uns an. Sie wusste genau, dass im Augenblick keiner von uns ein Kind war. Alle waren wir groß, groß und betrübt, und an uns allen nagte die gleiche Traurigkeit. Vielleicht war die Petroleumfunzel mit ihrem trüben Schein schuld daran; sie sollte das elektrische Licht ersetzen, das man uns gesperrt hatte. Vielleicht.
Glücklich war nur der kleine König, der mit dem Finger im Mund schlief. Ich stellte das Steckenpferd neben sein Bett. Und dann konnte ich es nicht lassen, ganz leicht mit den Händen sein Haar zu streicheln. Meine Stimme zitterte vor Zärtlichkeit.
»Mein Kleiner!«
Als das ganze Haus im Dunkel lag, fragte ich leise:
»Die ›Armen Ritter‹ waren gut, nicht, Totoca?«
»Ich weiß nicht. Hab sie nicht probiert.«
»Warum?«
»Mir war der Hals wie zugeschnürt; es wollte nichts durch … Lass uns schlafen. Wenn man schläft, vergisst man alles.«
Ich war aufgestanden, und das Bett knackte.
»Wo gehst du hin, Sesé?«
»Ich will nur meine Tennisschuhe vor die Tür stellen.«
»Lass das doch! Besser, du lässt es.«

»Doch, ich tu es. Wer kann denn sagen, ob's nicht doch noch Wunder gibt? Weißt du, Totoca, ich wünsch mir ein Geschenk, nur ein einziges. Aber was Neues! Ganz allein für mich ...«
Er drehte sich auf die Seite und steckte den Kopf unters Kissen.

Kaum war ich aufgewacht, da rief ich auch schon Totoca.
»Wollen wir mal nachsehen? Ich sage dir, es ist was drin.«
»Ich würde nicht nachsehen.«
»Ich tu es aber.«
Ich machte die Zimmertür auf. Da standen die Tennisschuhe, und zu meiner bitteren Enttäuschung waren sie leer. Totoca kam heran und wischte sich die Augen.
»Hab ich's dir nicht gesagt?«
Alles, was sich in meiner Seele gestaut hatte, floss ineinander. Hass, Empörung, Traurigkeit. Ich konnte mich nicht länger beherrschen und schrie:
»Wie abscheulich es ist, wenn man einen armen Vater hat ...!«
Meine Augen glitten von den Tennisschuhen zu zwei Holzpantinen mir gegenüber. Papa stand vor uns und sah uns an. Seine Augen waren groß vor lauter Traurigkeit. Sie schienen zu wachsen, ins Riesenhafte zu wachsen, bis sie gigantisch waren wie die Leinwand im Kino Bangu. Und es war eine Qual in seinem Blick, ein Schmerz, den Tränen nicht lösen konnten. Sein Blick blieb nur kurze Zeit auf uns geheftet, aber es schien mir endlos. Dann wandte er sich schweigend ab und ging fort. Wir waren wie versteinert und brachten kein Wort heraus. Papa nahm seinen Hut von der Kommode und ging wieder auf die Straße.
Jetzt erst griff mich Totoca am Arm.
»Du bist eklig, Sesé. Ein ganz hundsgemeiner Kerl. Deshalb ist es auch ...«
Er konnte vor Erregung nicht weitersprechen.

»Ich hab doch nicht gesehn, dass er da war.«
»Du bist böse. Du hast kein Herz. Du weißt doch, wie lange Papa schon arbeitslos ist. Das war es, warum ich gestern nichts runterkriegen konnte, als ich sein Gesicht sah. Wenn du mal Vater bist, dann wirst du wissen, wie weh so was tut.«
Ich brach in Tränen aus.
»Aber ich hab ihn nicht gesehn, Totoca, ich hab ihn doch nicht gesehn ...«
»Hau ab! Du Hund! Verschwinde!«
Hätte ich doch auf die Straße hinauslaufen, mich weinend an Papas Beine klammern und ihm sagen können, ich weiß, wie schlecht ich gewesen bin, wie furchtbar schlecht. Aber ich blieb wie festgenagelt stehen und wusste nicht, was ich tun sollte. Ich musste mich aufs Bett setzen. Und von da aus sah ich die Tennisschuhe stehen, an derselben Stelle und ganz leer. Leer wie mein Herz, das wie wild klopfte.
»Warum hab ich das getan, mein Gott? Ausgerechnet heute! Warum muss ich so böse sein, wo schon alles so traurig ist? Wie soll ich ihm heute Mittag gegenübersitzen? Da kann nicht einmal der Obstsalat hinunterrutschen.«
Und seine großen Augen, groß wie die Kinoleinwand, ließen mich nicht los. Ich machte meine zu, aber es nützte nichts.
Ich stieß mit der Ferse an meinen Schuhputzkasten, und da kam mir ein Einfall. Vielleicht könnte Papa mir doch die bösen Worte verzeihen.
Ich machte Totocas Kasten auf und lieh mir noch eine Dose mit schwarzer Schuhcreme, denn meine war fast leer. Ich sagte niemandem etwas. Traurig wanderte ich durch die Straßen und spürte nicht einmal das Gewicht des Schuhputzkastens. Es war mir, als schritte ich immerzu über seine Augen. Als täte ich diesen Augen tief drinnen weh.

Es war sehr früh, und alle schliefen wohl noch wegen der Mitternachtsmesse. Die Straße war voller Kinder, die ihre neuen Spielsachen herumzeigten und sie miteinander verglichen. Das machte mich noch trauriger. Es waren alles gute Kinder. Keins von diesen Kindern würde jemals tun, was ich getan hatte.

Nah beim »Hunger und Elend« blieb ich stehen in der Hoffnung, einen Kunden zu finden. Die Kneipe war sogar an diesem Tag geöffnet. Den Spitznamen hatte sie nicht umsonst. Die Kunden kamen im Pyjama, mit Pantoffeln oder Holzpantinen; aber richtige Schuhe trug niemand.

Ich hatte noch nicht Kaffee getrunken und war auch nicht hungrig. Mein Kummer war viel größer, als es irgendein Hunger hätte sein können. Ich ging bis zur Rua do Progresso, dann um den Markt herum. Ich hockte mich vor der Bäckerei von Senhor Rozemberg aufs Pflaster. Umsonst.

Stunde um Stunde verging, ich hatte kein Glück. Aber ich musste es schaffen, ich musste!

Die Hitze nahm zu, und der Tragriemen des Kastens schnitt mir in die Schulter und schmerzte, sodass ich ihn immer wieder verschieben musste. Ich wurde durstig und ging, um am Wasserhahn auf dem Markt zu trinken.

Ich setzte mich auf die untere Türstufe der Schule, in die ich nächstens gehen sollte. Den Kasten stellte ich auf den Boden. Ich hatte allen Mut verloren, legt den Kopf auf die Knie und rührte mich nicht. Jede Lust war mir vergangen. Dann steckte ich das Gesicht zwischen die Knie und stützte den Kopf mit den Armen.

Lieber wollte ich sterben, als unverrichteter Dinge wieder heimgehen zu müssen.

Ein Fuß versetzte meinem Schuhputzkasten einen leichten Stoß, und eine freundliche, vertraute Stimme rief:

»He du, Schuhputzer, wer schläft, verdient kein Geld!«
Ungläubig hob ich den Kopf. Vor mir stand Senhor Coquino, der Pförtner des Casinos. Er stellte einen Fuß hoch, und ich rieb ihn zuerst mit einem Lappen ab.
Dann machte ich den Schuh nass, trocknete ihn und rieb ihn sorgfältig mit Creme ein.
»Könnten Sie bitte das Hosenbein ein bisschen hochziehn?«
Er tat es.
»An einem Tag wie heute putzt du Schuhe, Sesé?«
»Ich hab es noch nie so nötig gebraucht wie heute.«
»Und wie war Weihnachten?«
»Es geht.«
Ich klopfte mit der Bürste gegen den Kasten, und er stellte den anderen Fuß drauf. Ich wiederholte die ganze Prozedur, und danach kam das Blankreiben. Als ich fertig war, klopfte ich wieder gegen den Kasten, und er zog den Fuß zurück.
»Was macht das, Sesé?«
»Zwanzig.«
»Warum zwanzig? Alle anderen verlangen vierzig.«
»So viel kann ich erst nehmen, wenn ich mal ein richtiger Schuhputzer bin. Jetzt noch nicht.«
Er holte einen Fünfziger aus der Tasche und gab ihn mir.
»Wollen Sie nicht lieber später zahlen? Ich hab bis jetzt noch gar nichts verdient.«
»Behalt du nur das Wechselgeld, weil Weihnachten ist! Auf Wiedersehen!«
»Fröhliche Weihnachten, Senhor Coquino!«
Vielleicht hatte er sich nur deshalb die Schuhe von mir putzen lassen, weil er an das dachte, was vor drei Tagen geschehen war ...
Das Geld in meiner Tasche machte mir wieder etwas Mut, aber der hielt nicht lange vor; es war schon nach zwei, und von all

den vielen Menschen, die durch die Straßen strömten, kam keiner zu mir, nicht einmal, um sich für einen Zehner den Staub abbürsten zu lassen.

Ich stellte mich in der Nähe einer Tankstelle an der großen Landstraße auf. Hin und wieder rief ich mit meiner dünnen Stimme:

»Schuhe putzen! Schuhe putzen, Senhor! Wollen Sie nicht die Schuhe geputzt haben, damit ein Armer etwas zu Weihnachten verdient?«

Ein vornehmer Wagen hielt nahebei.

Ohne viel Hoffnung zu haben, nutzte ich die Gelegenheit und rief:

»Nur eine Kleinigkeit, Herr Doktor! Helfen Sie doch einem Armen zu Weihnachten!«

Die gut gekleidete Dame und die Kinder hinten im Wagen sahen mich unverwandt an. Die Dame war voller Teilnahme.

»Armer Kerl! So klein und so arm! Gib ihm doch etwas, Arthur!«

Aber der Mann musterte mich misstrauisch.

»Das ist ein ganz gerissener kleiner Spitzbube. Der nutzt es aus, dass heute Weihnachten ist und er so winzig.«

»Trotzdem will ich ihm etwas geben. Komm mal her, Kleiner!«

Sie holte etwas aus ihrer Tasche und steckte die Hand durch das Fenster.

»Nein, danke, nein. Ich will nur sagen, dass ich Ihnen nichts vormache. Man muss es schon sehr nötig haben, wenn man am Weihnachtstag arbeitet.«

Ich nahm den Kasten, hängte ihn wieder über die Schulter und wollte weggehen. Heute hatte ich nicht einmal mehr die Kraft, wütend zu werden.

Aber die Wagentür öffnete sich, ein kleiner Junge sprang heraus und trat auf mich zu. »Nimm das, Junge! Mama lässt dir sagen, sie glaubt nicht, dass du lügst.«

Er steckte mir einen Fünfziger in die Tasche und wartete nicht einmal lange genug, dass ich mich bedanken konnte ... Ich hörte nur noch das Motorengeräusch, als der Wagen abfuhr.

Es war nach vier und immer noch quälten mich Papas Augen.

Ich machte mich auf den Rückweg. Das Geld reichte noch nicht ganz, immerhin konnte es sein, dass sie es mir im »Hunger und Elend« billiger geben würden oder vielleicht erlaubten, dass ich den Rest später zahlte.

An einer Zaunecke sah ich etwas, das meine Aufmerksamkeit erregte. Es war ein schwarzer, zerlöcherter Damenstrumpf. Ich bückte mich und hob ihn auf. Ich zwirbelte ihn mit der Hand, da wurde er ganz dünn. Ich tat den Strumpf in meinen Kasten und dachte:

›Das wird eine feine Schlange.‹

Aber ich musste in mir einen kleinen Kampf bestehen:

›Ein andermal, heute auf gar keinen Fall!‹

Ich näherte mich dem Haus der Villas-Boas mit dem großen Garten; die Wege waren alle gepflastert. Sergio radelte mit einem schönen Fahrrad zwischen den Beeten herum. Ich drückte das Gesicht ans Gitter, um zuzuschauen. Das Rad war ganz rot und hatte ein paar gelbe und blaue Verzierungen. Das Metall leuchtete, so blank war es. Als Sergio mich entdeckte, führte er es stolz vor. Er fuhr sehr schnell, machte scharfe Kurven und drückte auf die Bremse, dass es quietschte. Dann kam er zu mir an den Zaun.

»Gefällt es dir?«

»Es ist das schönste Rad von der ganzen Welt.«

»Komm zur Gartentür, dann siehst du es noch besser.«

Sergio war so alt wie Totoca und ging in dieselbe Klasse. Ich schämte mich, weil ich barfuß war, denn er hatte Lackschuhe an und weiße Strümpfe mit roten Strumpfhaltern. Seine glänzenden Schuhe spiegelten alles wider, sogar Papas Augen waren in dem Glanz und sahen mich an. Ich schluckte, ohne etwas zu sagen.

»Was ist, Sesé? Du bist ja so komisch.«

»Gar nichts. Von Nahem ist es noch schöner. Hast du es zu Weihnachten bekommen?«

»Ja.«

Er stieg ab, um besser mit mir reden zu können, und machte die Pforte auf.

»Mensch, was ich alles gekriegt habe! Ein Grammofon, drei Anzüge, einen Haufen Bücher mit vielen Geschichten, eine große Schachtel Buntstifte. Einen Kasten mit allen möglichen Spielen, ein Flugzeug, bei dem sich der Propeller dreht. Zwei Schiffe mit weißen Segeln …«

Ich senkte den Kopf und dachte an das Jesuskind, das nur die reichen Leute lieb hat, wie Totoca sagte.

»Was hast du, Sesé?«

»Nichts.«

»Und du … hast du viel bekommen?«

Ich schüttelte den Kopf und bekam kein Wort heraus.

»Was, nichts? Wirklich gar nichts?«

»Dies Jahr war bei uns kein Weihnachten. Papa ist noch immer arbeitslos.«

»Das kann doch gar nicht sein! Nicht mal Kastanien und Nüsse hattet ihr? Nicht mal Wein …?«

»Bloß ›Arme Ritter‹, die Großmama gebacken hat, und Kaffee.«

Sergio wurde nachdenklich.

»Sesé, wenn ich dich einlade, nimmst du es an?«

Ich konnte mir schon denken, was er damit meinte.
Aber obwohl mein Magen leer war, mochte ich nicht.
»Komm mit rein! Mama macht dir einen Teller zurecht! Wir haben so viele Sachen, so viele Süßigkeiten …«
Ich wagte es nicht. Ich war in diesen Tagen so oft gedemütigt worden, hatte mehr als einmal mit angehört, wie sie gerufen hatten:
»Hab ich dir nicht immer wieder gesagt, du sollst keine Straßenjungen mit ins Haus bringen?«
»Nein, vielen Dank.«
»Na gut. Aber wenn ich Mama nun bitte, sie soll ein Paket mit Kastanien und anderen Sachen fertig machen, dass du es deinen Geschwistern mitbringst, nimmst du es dann?«
»Das kann ich auch nicht. Ich muss ja noch weiterarbeiten.«
Erst jetzt entdeckte Sergio den Schuhputzkasten, auf den ich mich gesetzt hatte.
»Aber wer putzt denn auch am Weihnachtstag Schuhe …«
»Ich hab den ganzen Tag lang nur zehn Zehner verdient, und davon war die Hälfte bloß geschenkt. Ich muss unbedingt noch einen Zwanziger dazuverdienen.«
»Wofür, Sesé?«
»Das kann ich nicht erzählen. Aber ich brauche ihn ganz dringend.«
Er lächelte.
»Willst du meine putzen? Ich geb dir zehn Zehner.«
»Das geht auch wieder nicht, von Freunden nehme ich nichts.«
»Und wenn ich dir den Zwanziger gebe, nein, leihe?«
»Kann es etwas dauern, bis ich ihn zurückzahle?«
»Das ist ganz egal. Du kannst mir sogar später Murmeln dafür geben.«
»Dann geht es.«

Er steckte die Hand in die Tasche und gab mir die Münze.
»Mach dir keine Gedanken, ich hab viel Geld geschenkt bekommen. Meine Sparbüchse ist bis obenhin voll.«
Ich strich mit der Hand über das Rad.
»Es ist wirklich wunderschön.«
»Wenn du ein bisschen größer bist und radeln kannst, dann lass ich dich mal drauf fahren. Einverstanden?«
»Ja.«

Ich lief, so rasch ich nur eben konnte, den rüttelnden Schuhputzkasten umgehängt, zum »Hunger und Elend« und stürmte wie ein Unwetter hinein, aus lauter Angst, es wäre schon geschlossen.
»Haben Sie noch von den teuren Zigaretten?«
Als er das Geld in meiner Hand sah, reichte er mir zwei Packungen.
»Die sind doch wohl nicht für dich, Sesé?«
Eine Stimme von weiter hinten warf ein:
»Was denkst du denn! So ein Stöpsel!«
Ohne sich umzudrehen, erklärte er:
»Du kennst ihn eben nicht, diesen Kunden! Der Bengel hat es faustdick hinter den Ohren.«
»Sie sind für Papa.«
Ein Glücksgefühl durchströmte mich, als ich die beiden Packungen in der Hand hielt.
»Welche soll ich nehmen? Die oder die?«
»Das musst du selber wissen.«
»Ich hab den ganzen Tag gearbeitet, um sie als Weihnachtsgeschenk für Papa kaufen zu können.«
»Ist das wahr, Sesé? Und was hat er dir geschenkt?«
»Nichts. Wissen Sie, er ist immer noch arbeitslos.«

Er war betroffen, und niemand in der Wirtschaft sagte ein Wort.
»Welche würden Sie aussuchen, wenn es für Sie wäre?«
»Beide sind hübsch. Und wohl jeder Vater würde gern auf solche Weise ein Geschenk bekommen.«
»Packen Sie mir bitte die da ein!«
Er tat es, aber er war ein bisschen sonderbar, als er mir das Päckchen gab. Es sah aus, als wollte er etwas sagen und brächte es nicht heraus.
Ich gab ihm das Geld und lächelte.
»Danke schön, Sesé!«
»Frohe Weihnachten!«
Ich rannte wieder bis nach Hause.
Die Nacht war schon hereingebrochen. Nur in der Küche brannte Licht. Alle waren fortgegangen, aber Papa saß am Tisch und starrte die kahle Wand an. Ich stützte das Kinn in die Hand und den Ellbogen auf den Tisch.
»Papa.«
»Was willst du, mein Kind?« Es lag kein Groll in seiner Stimme.
»Wo bist du den ganzen Tag gewesen?«
Ich zeigte auf den Schuhputzkasten.
Ich stellte den Kasten auf den Boden und zog das Päckchen aus der Hosentasche.
»Guck mal, Papa, ich hab was Schönes für dich gekauft.«
Er lächelte, denn er begriff, was es bedeutete.
»Magst du sie? Es war die allerhübscheste.«
Er öffnete die Packung und sog den Duft des Tabaks ein, lächelte, fand aber keine Worte.
»Rauch mal eine, Papa!«
Ich ging zum Herd und holte ein Streichholz, zündete es an und hielt es an die Zigarette, die er zwischen die Lippen gesteckt hatte. Ich trat zurück, um richtig mitzuerleben, wie er den ersten

Zug tat. Da geschah irgendetwas in mir drin. Ich warf das erloschene Streichholz auf den Boden. Ich fühlte, wie ich innerlich zersprang, wie etwas in mir platzte, dieser gewaltige Schmerz, der mich den ganzen Tag hindurch bedroht hatte.

Ich sah Papa an. Sein bärtiges Gesicht, seine Augen.

Ich konnte nur sagen: »Papa ... Papa ...«

Und meine Stimme wurde von Tränen und Schluchzen erstickt.

Er öffnete seine Arme und umschloss mich fest.

»Wein nicht, mein Kind. Du wirst in deinem Leben noch viel weinen müssen, wenn du ein so empfindsamer Junge bleibst.«

»Ich wollte doch nicht ... Ich wollte ... das ... doch nicht sagen!«

»Das weiß ich. Das weiß ich. Ich war auch nicht böse, denn im Grunde hattest du ja recht.«

Er drückte mich noch fester an sich.

Dann hob er mein Gesicht hoch und trocknete es mit dem Geschirrtuch ab, das da irgendwo lag.

»So, ist es jetzt besser?«

Ich streckte die Hände aus und streichelte sein Gesicht. Ich fuhr mit den Fingern leicht über seine Augen und versuchte, sie wieder so zu sehen, wie sie waren, ohne die große Kinoleinwand. Ich hatte Angst, wenn ich das nicht täte, würden diese Augen mich mein Leben lang verfolgen.

»Jetzt will ich aber meine Zigarette zu Ende rauchen.«

Mit meiner immer noch vor Erregung zitternden Stimme stotterte ich:

»Weißt du, Papa, ich will mich auch nie mehr beklagen, wenn du mich hauen willst ... Du kannst mich ruhig hauen ...«

»Schon gut, schon gut, Sesé.«

Er stellte mich samt meinen restlichen Schluchzern auf den Boden und nahm einen Teller aus dem Schrank.

»Gloria hat ein bisschen Obstsalat für dich aufgehoben.«
Allein konnte ich nichts runterkriegen. Er setzte sich und fütterte mich mit dem Löffel.
»Jetzt ist es doch vorbei, nicht wahr, mein Junge?«
Ich nickte, aber die ersten Bissen schmeckten noch salzig. Es dauerte lange, bis die Tränen ganz getrocknet waren.

VOGEL, BLUME UND SCHULE

Ein neues Haus, ein neues Leben und kleine, bescheidene Hoffnungen.

Ich saß zwischen Senhor Aristides und seinem Gehilfen oben auf dem Kutschbock und war ebenso heiter wie der sonnige Tag.

Als die Karre von dem ungepflasterten Weg auf die Landstraße einbog, wurde es noch wunderbarer, denn da rollte sie plötzlich ganz ruhig und sanft dahin, ohne jegliches Schaukeln.

Ein schönes Auto überholte uns.

»Das ist der Wagen des Portugiesen Manuel Valadares!«

Als wir gerade an der Ecke der Rua dos Açudes vorbeikamen, durchschnitt ein Pfeifen die Morgenluft.

»Schauen Sie, Senhor Aristides. Da fährt der Mangaratiba.«

»Du weißt wohl alles, was?«

»Ich kenne seinen Pfiff.«

Dann hörte man nur noch das Tock, Tock, Tock der Hufe auf der Straße. Ich betrachtete die Karre, die keineswegs sehr neu war. Im Gegenteil! Aber sie war solide und praktisch. Mit zwei weiteren Fuhren würde sie wohl unsere ganze Habe herbeischaffen können. Der Esel kam mir dagegen nicht sonderlich kräftig vor. Aber ich wollte nett sein.

»Sie haben eine sehr schöne Karre, Senhor Aristides.«

»Sie erfüllt ihren Zweck.«

»Und der Esel ist auch hübsch. Wie heißt es denn?«

»Cigano.«

Er war nicht gerade gesprächig.
»Heute ist ein Glückstag für mich. Ich fahr zum ersten Mal mit einem Fuhrwagen. Ich hab das Auto des Portugiesen gesehen und den Mangaratiba gehört.«
Schweigen.
Nichts.
»Senhor Aristides, ist der Mangaratiba eigentlich der wichtigste Zug in Brasilien?«
»Nein. Nur der wichtigste auf dieser Strecke.«
Es half alles nichts. Es war doch manchmal schwer, die Erwachsenen zu begreifen!
Als wir beim Haus ankamen, übergab ich ihm den Schlüssel und versuchte freundlich zu sein …
»Kann ich Ihnen irgendwie helfen?«
»Du hilfst uns nur, wenn du nicht im Weg stehst. Geh spielen. Wir rufen dich, wenn wir zurückfahren.«
Ich nahm es hin und ging.
»Jetzt werden wir immer nah beieinander wohnen, Knirps. Ich will dich schmücken, sodass kein anderer Baum es mit dir aufnehmen kann. Weißt du, Knirps, ich bin eben auf einer Pferdekarre gefahren, die war so groß und angenehm, fast wie eine Postkutsche im Film. Schau, alles, was ich erlebe, komm ich dir erzählen; ist dir das recht?«
Ich trat näher an das Gestrüpp heran, das am Graben stand, und sah in das schmutzige Wasser, das da floss.
»Was haben wir doch neulich besprochen, wie wir diesen Strom nennen wollen?«
»Amazonas.«
»Ach ja, richtig. Amazonas. Weiter hinten, da wimmelt es sicher von Einbäumen mit wilden Indios, nicht, Knirps?«
»Natürlich. Muss wohl.«

Wir waren noch gar nicht weit gekommen mit unserer Unterhaltung, da schloss Senhor Aristides schon das Haus ab und rief mich.
»Willst du hierbleiben, oder fährst du wieder mit?«
»Ich bleib. Mama und meine Schwestern müssen ja gleich hier sein.«
Inzwischen sah ich mir alles genau und von allen Seiten an.

War es nun, weil ich mich zusammenriss, oder weil ich bei den Nachbarn einen guten Eindruck machen wollte: Ich benahm mich zu Anfang tadellos. Aber eines Nachmittags fand ich den schwarzen Damenstrumpf wieder.
Ich wickelte ihn um eine Schnur und schnitt die Fußspitze ab. Wo die gesessen hatte, knotete ich dann ein langes Stück Drachenleine an. Wenn man ganz langsam daran zog, sah es von Weitem wie eine Schlange aus, und bei Dunkelheit würde bestimmt jemand drauf reinfallen.
Am Abend waren alle sehr beschäftigt. Es schien, als hätte das neue Haus die ganze Familie verwandelt. Es herrschte Fröhlichkeit wie schon lange nicht mehr.
Ich stand ganz still am Gartentor auf der Lauer. Die Straße war von den wenigen Lampen nur spärlich beleuchtet, und die hohen Hecken warfen Schatten auf die Straßenränder. Die Arbeiter machten offenbar Abendschicht in der Fabrik, und diese Schicht endete meistens gegen acht Uhr. Ganz selten mal um neun. Ich dachte einen Augenblick an die Fabrik. Ich mochte sie nicht. Ihre Sirene morgens früh um fünf machte sie noch unerfreulicher. Die Fabrik war ein Ungeheuer, das den ganzen Tag lang Menschen fraß und sie abends als eine müde Masse wieder ausspie. Ich mochte sie auch deshalb nicht, weil Mister Scottfield das mit Papa gemacht hatte.

Halt! Da kam eine Frau. Sie hatte einen Schirm unterm Arm und eine Tasche in der Hand. Man konnte schon hören, wie die Absätze ihrer Holzpantinen auf der Straße klapperten.
Ich versteckte mich rasch am Gartentor und probierte die Zugleine der Schlange aus. Es klappte. Es hätte nicht besser gehen können. Ich drückte mich in den Schatten der Hecke und hielt die Leine mit den Fingern, die Holzpantinen klapperten nah und näher und immer noch näher. Und ruckzuck begann ich an der Schlangenleine zu ziehen. Die Schlange glitt langsam mitten über die Straße.
Nur damit hatte ich nicht gerechnet: Die Frau stieß einen solchen Schrei aus, dass die ganze Straße alarmiert wurde. Sie warf Tasche und Schirm von sich, hielt ihren Bauch fest und hörte nicht auf zu kreischen:
»Hilfe! Hilfe! Eine Schlange, Leute! Helft mir!«
Die Türen öffneten sich. Ich schmiss alles hin und flitzte am Haus entlang und in die Küche. Hastig nahm ich den Deckel vom Korb für die schmutzige Wäsche, kroch hinein und stülpte ihn über mich. Mein Herz klopfte vor Schreck, und immer noch hörte ich die Frau schreien.
»Ach, mein Gott! Ich werde noch mein Kind verlieren! Ich bin im sechsten Monat!«
Jetzt standen mir nicht nur die Haare zu Berge, sondern ich begann zu zittern und zu beben.
Die Nachbarn nahmen sie nach drinnen, und ihr Schluchzen und Klagen hielt an.
»Ich halt das nicht aus! Ich halt das nicht aus! Und auch noch eine Schlange, wo ich solche Angst vor Schlangen habe!«
»Hier ist ein bisschen Orangenblütentee. Der beruhigt. Sei unbesorgt, die Männer sind schon hinter ihr her mit Stöcken und mit einem Beil und mit einer Lampe, damit sie was sehen.«

Was für ein Aufruhr wegen einer kleinen Schlange aus Stoff!
Für mich am schlimmsten war allerdings, dass auch von uns welche rausgegangen waren, um zu gucken. Jandira, Mama und Lalá.
»Aber, Leute, es ist ja gar keine Schlange! Es ist ein alter Strumpf!«
In meiner Aufregung hatte ich vergessen, die »Schlange« wegzuziehen. Jetzt saß ich in der Patsche. An der Schlange war die Leine fest, und die Leine kam aus unserem Garten. Drei mir wohlbekannte Stimmen sagten im selben Augenblick:
»Das war er!«
Aus war es mit der Schlangenjagd. Wer gejagt wurde, war jetzt ich. Sie schauten unter die Betten. Nichts! Sie kamen dicht bei mir vorbei, und ich wagte kaum zu atmen. Sie gingen nach draußen, um im Schuppen nachzusehen.
Jandira hatte eine Idee.
»Ich glaub, ich weiß schon.«
Sie hob den Deckel vom Korb, und ich wurde an den Ohren hochgezogen und ins Esszimmer geschleift.
Diesmal schlug Mama mich mit aller Kraft. Der Pantoffel sauste nur so durch die Luft, und ich musste sehr brüllen, um den Schmerz zu lindern und sie zum Aufhören zu bewegen.
»Du Biest, du kleines! Du weißt nicht, welche Last es ist, wenn man ein Kind im sechsten Monat zu tragen hat.«
Lalá erklärte ironisch:
»Es war ja auch höchste Zeit, dass er hier in dieser Straße seinen ersten Auftritt gab!«
»Marsch ins Bett, du Scheusal!«
Ich schlich hinaus und rieb mir das Hinterteil. Ich legte mich auf den Bauch. Ich konnte noch von Glück reden, dass Papa weggegangen war, um Argolo zu spielen. Dann lag ich im Dun-

keln, schluckte am Rest meiner Tränen und fand, dass das Bett doch das beste Mittel war, um sich von einer Tracht Prügel zu erholen.

Am nächsten Tag stand ich früh auf. Ich hatte zwei wichtige Dinge zu erledigen. Zuerst musste ich versuchen, die Schlange, falls sie noch da war, unterm Hemd versteckt in Sicherheit zu bringen. Ich konnte sie ja später noch anderswo verwenden. Aber sie war nicht mehr da. Es würde schwer sein, je wieder einen Strumpf zu finden, der so sehr einer Schlange glich.

Ich kehrte um und ging zu Großmama. Ich musste mit Onkel Edmundo sprechen.

Als ich ins Haus trat, wusste ich selbstverständlich, dass es etwas früher am Morgen war, als es ihm in seinem Pensionärsdasein recht sein mochte. Immerhin war er noch nicht weggegangen, um Tierlotterie zu spielen, ein bisschen das Glück zu versuchen, wie er zu sagen pflegte, und die Zeitung zu kaufen. Tatsächlich, er saß im Wohnzimmer und legte Patience.

»Hallo, Onkel!«

Er antwortete nicht. Tat, als wäre er taub. Zu Hause sagen sie, so macht er es immer, wenn er keine Lust hat, sich zu unterhalten. Aber bei mir kam er damit nicht durch. Übrigens (wie ich das Wort »übrigens« liebte!) war er mir gegenüber nie richtig taub. Ich zupfte ihn am Hemdsärmel und bewunderte, wie immer, seine schwarzweiß karierten Hosenträger.

»Ach so, du bist es …«

Er tat, als hätte er mich zuerst nicht gesehen.

»Wie heißt diese Patience, Onkel?«

»Sie heißt: die Uhr.«

»Sie ist sehr hübsch.«

Ich kannte die Karten schon alle. Aber die Buben, die mochte ich nicht. Ich weiß nicht, sie sahen so aus, als wären sie die Diener der Könige.

»Hör mal, Onkel, ich bin hergekommen, weil ich was mit dir besprechen muss.«

»Ich bin gleich fertig; wenn ich fertig bin, können wir reden.«

Aber bald darauf mischte er wieder die Karten.

»Ist sie nicht aufgegangen?«

»Nein.«

Er legte die Karten zu einem Haufen zusammen und schob diesen beiseite.

»Schön, Sesé. Wenn es sich nun aber bei dem, was du mit mir besprechen willst, um Geld dreht«, er tat mit den Fingern so, als ob er Geld zählte, »ich bin blank.«

»Hast du nicht mal einen Zehner für Murmeln?«

Er lächelte.

»Einen Zehner? Na, das könnte vielleicht doch sein. Mal sehen …«

Schon wollte er die Hand in die Tasche stecken, aber ich unterbrach ihn.

»Ich mach doch nur Spaß, Onkel, das ist es ja gar nicht.«

»Was dann?«

Ich merkte, dass ihn meine »Altklugheit« belustigte; seit ich lesen konnte, ohne es gelernt zu haben, hatte sich jenes Gefühl der Belustigung noch gesteigert.

»Ich möchte was wissen. Es ist mir sehr wichtig. Kannst du singen, ohne zu singen?«

»Das versteh ich nicht.«

»So.« Und ich sang eine Strophe aus dem *Kleinen Haus*.

»Aber du singst doch wirklich, oder?«

»Das ist es ja gerade. Ich kann das genauso in mir drin tun, ohne außen zu singen.«

Er lachte über den sonderbaren Einfall, wusste aber noch nicht, worauf ich hinaus wollte.
»Sieh mal, Onkel, als ich ganz klein war, meinte ich, ich habe einen Vogel in mir drin, und der singt. Es war eben er, der sang.«
»Na ja. Es ist doch wunderbar, dass du solch einen Vogel hast.«
»Du verstehst mich nicht. Es ist nämlich so, dass ich nicht mehr so richtig an den Vogel glauben kann. Und wenn ich jetzt in mir rede und sehe?«
Nun begriff er und lachte über meine Verwirrung.
»Ich will's dir erklären, Sesé. Weißt du, was das heißt? Es heißt, dass du größer wirst. Und wenn man heranwächst, dann nennt man das, wovon du sagst, dass es in dir redet und sieht, den Verstand. Der Verstand bewirkt, wie ich dir einmal gesagt habe, dass du bald ...«
»Dass ich vernünftig werde?«
»Fein, dass du dich daran erinnerst. Da geschieht dann nämlich ein Wunder. Der Verstand wächst und wächst und erfüllt unseren ganzen Kopf und unser Herz. Er ist in unseren Augen und in allem, was zu unserem Leben gehört.«
»Ich weiß. Und der Vogel?«
»Der Vogel wurde von Gott geschaffen, um den kleinen Kindern zu helfen, damit sie sich mit allem zurechtfinden. Später, wenn ein Kind den Vogel nicht mehr braucht, dann schickt es ihn zu Gott zurück. Und Gott schenkt ihn einem anderen Kind, das so klug ist wie du. Ist das nicht schön?«
Ich lachte und war glücklich, weil ich nun »Verstand« hatte.
»Also gut, aber jetzt geh ich.«
»Und der Zehner?«
»Heute nicht. Ich hab sehr viel zu tun.«
Während ich heimging, dachte ich über alles nach. Mir fiel aber etwas ein, und ich wurde sehr traurig. Totoca hatte mal einen

sehr hübschen Kanarienvogel gehabt. Der war so zahm, dass er auf seinen Finger hüpfte, wenn er ihm frisches Futter gab. Die Tür konnte ruhig offen bleiben, er flog nicht weg. Einmal vergaß er ihn draußen in der Sonne. Und die heiße Sonne war sein Tod. Ich dachte an Totoca, wie er ihn in der Hand hielt und weinte und weinte und das tote Vögelchen an sein Gesicht drückte. Dann sagte er:

»Nie, nie wieder will ich einen Vogel fangen.«

Ich war dabei und erklärte: »Ich auch nicht, Totoca.«

Ich kam zu Hause an und ging geradewegs zu Knirps.

»*Bébé*, ich bin hergekommen, um was zu tun.«

»Was denn?«

»Warten wir noch ein bisschen?«

»Ja, natürlich.«

Ich setzte mich und lehnte meinen Kopf an seinen dünnen Stamm.

»Worauf warten wir denn, Sesé?«

»Bis eine besonders hübsche Wolke am Himmel ist.«

»Weshalb?«

»Ich will meinen kleinen Vogel freilassen. Wirklich. Ich brauche ihn nicht mehr.«

Wir schauten zum Himmel hinauf.

»Ist die da recht, Knirps?«

Langsam zog die Wolke näher. Sie war sehr groß und sah wie ein ausgeschnittenes weißes Blatt aus.

»Die ist es, Knirps.«

Erregt stand ich auf und öffnete mein Hemd. Ich spürte, dass sich etwas aus meiner Brust löste.

»Flieg, mein kleiner Vogel. Flieg weit in die Höhe. Steig auf und setz dich auf Gottes Finger. Gott wird dich einem anderen Kind schenken, und für das sollst du genauso hübsch singen, wie du immer für mich gesungen hast. Lebewohl, mein schöner Vogel!«

»Schau, Sesé, er hat sich auf den Finger der Wolke gesetzt.«

»Ich hab's gesehen.«

Ich lehnte den Kopf an das Herz meines Orangenbaums und schaute zu, wie die Wolke fortzog.

»Ich bin nie bös zu ihm gewesen.«

Jetzt drehte ich mein Gesicht seinem Ast zu.

»*Bébé?*«

»Was ist?«

»Findest du es schlimm, wenn ich weine?«

»Weinen ist nie schlimm, du Dummer. Warum denn?«

»Ich weiß nicht, ich hab mich noch nicht dran gewöhnt. Ich glaube, der Käfig in mir drin ist zu leer geworden ...«

Gloria hatte mich sehr früh gerufen.

»Zeig mal deine Fingernägel!«

Ich hielt ihr die Hände hin, und sie war zufrieden.

»Jetzt die Ohren. Igitt, Sesé!«

Sie nahm mich zum Waschbecken, machte einen Seifenlappen nass und rieb den Schmutz ab.

»Ich hab noch nie jemanden gesehen, der sagt, er sei ein kriegerischer Pinagé und als solcher Dreckspatz rumläuft! Zieh dir die Schuhe an, ich suche inzwischen Zeug für dich heraus.«

Sie ging an meine Schublade und stöberte darin herum. Und wühlte weiter. Und je länger sie suchte, umso weniger fand sie. All meine Hosen waren entweder voller Löcher oder zerrissen oder geflickt oder gestopft.

»Man braucht es wirklich niemandem zu erzählen. Wer diese Schublade sieht, der sieht sofort, was für ein entsetzlicher Junge du bist. Zieh die hier an, die ist noch am wenigsten kaputt.«

Und dann zogen wir los, um das »Wunderbare« kennenzulernen, das vor mir lag.
Wir kamen in die Nähe der Schule, und da trafen wir eine Menge Leute, die Kinder an der Hand führten, um sie anzumelden.
»Also, jetzt benimm dich und vergiss nichts, Sesé.«
Wir setzten uns in einen Saal voller Kinder, und alle gafften sich gegenseitig an. Bis wir drankamen und das Zimmer der Direktorin betraten.
»Dein kleiner Bruder?«
»Ja. Mama konnte nicht kommen, sie arbeitet in der Stadt.«
Sie betrachtete mich prüfend, und ihre Augen wurden groß und dunkel, weil ihre Brillengläser sehr dick waren. Ich fand es lustig, dass sie einen Schnurrbart hatte wie ein Mann. Deswegen war sie wohl auch die Direktorin.
»Ist er nicht noch ein bisschen arg klein?«
»Mag sein, für sein Alter. Aber er kann schon lesen.«
»Wie alt bist du, Junge?«
»Am sechsundzwanzigsten Februar bin ich sechs geworden, ja, sechs.«
»Schön. Dann wollen wir das Formular ausfüllen. Wie heißen die Eltern?«
Gloria nannte Vaters Namen. Als Mamas Name dran war, sagte sie nur: Estefania de Vasconcelos. Da konnte ich nicht ruhig bleiben und verbesserte:
»Estefania Pinagé de Vasconcelos.«
»Wieso?«
Gloria wurde ein bisschen rot.
»Ja, Pinagé. Mama stammt von Indios ab.«
Ich war sehr stolz, denn wahrscheinlich würde ich der Einzige in dieser Schule sein, der einen Indionamen hatte.

Gloria unterschrieb ein Papier und blieb dann unschlüssig stehen.
»Noch einen Wunsch, Mädchen?«
»Ich möchte wegen der Schuluniform fragen ... Wissen Sie ... Papa ist arbeitslos, und wir sind sehr arm.«
Der Beweis dafür wurde erbracht, als sie mich hin und her marschieren ließ, um meine Größe und Nummer abschätzen zu können, denn da sah sie all meine Flicken. Sie schrieb die Nummer auf einen Zettel und schickte uns zu Dona Eulalia.
Dona Eulalia war nicht weniger erstaunt, dass ich noch so klein war. Die kleinste Uniform, die sie hatte, schlotterte um mich herum.
»Das sind die einzigen kleinen, die da sind, und sie sind immer noch viel zu groß. Was für ein winziger Kerl!«
»Ich nehme sie mit und mache sie kürzer.«
Stolz zog ich mit den beiden geschenkten Schulanzügen ab. Was Knirps wohl für ein Gesicht machen würde, wenn er mich in neuer Kleidung und als Schuljungen sah! Im Lauf der nächsten Tage erzählte ich ihm alles. Wie es in der Schule war, wie es nicht war.
»Sie läuten mit einer großen Glocke. So groß wie die von der Kirche ist sie aber nicht. Das kannst du dir doch vorstellen. Alle gehen dann auf den großen Schulhof und zu ihrer Lehrerin. Ja, und dann stellt sie uns in einer Reihe auf, immer vier nebeneinander, und dann gehen wir alle wie die Schafe ins Klassenzimmer. Da setzt sich jeder an sein Pult, und das hat einen Deckel, den man hoch- und runterklappen kann; da hebe ich meine Sachen drin auf. Ich muss eine Menge Vaterlandslieder lernen, denn die Lehrerin sagt, jeder, der ein guter Brasilianer und ein ›Patriot‹ sein will, der muss die Nationalhymne können. Wenn ich sie erst kann, dann singe ich sie dir vor, was, Knirps?«

Und ich machte neue Erfahrungen. Hatte Prügeleien. Entdeckte eine Welt, in der alles ungewohnt war.
»Mädchen, wohin gehst du mit der Blume?«
Die Kleine war sehr ordentlich angezogen, und Buch und Heft, die sie in der Hand trug, steckten in Hüllen. Sie hatte zwei kurze Zöpfe.
»Die bring ich meiner Lehrerin mit.«
»Warum?«
»Weil sie sich darüber freut. Jedes nette Schulmädchen gibt der Lehrerin eine Blume.«
»Dürfen Jungen das auch?«
»Wenn sie die Lehrerin gern mögen, natürlich.«
»Ach! Wirklich?«
»Ja.«
Noch nie hatte jemand meiner Lehrerin, Dona Cecilia Paim, auch nur eine einzige Blume mitgebracht. Vielleicht weil sie so hässlich war. Hätte sie nicht auch noch einen Fleck im Auge gehabt, wäre sie nicht ganz so hässlich gewesen. Und doch war sie die Einzige, die mir hin und wieder, wenn die Pause anfing, einen Zehner schenkte, damit ich mir einen gefüllten Krapfen bei dem Mann vor dem Schultor kaufen konnte.
Ich achtete nun darauf, wie es in den anderen Klassen war, und sah, dass überall auf den Pulten Gläser mit Blumen standen. Nur das Glas meiner Lehrerin war immer leer.

Aber das allergrößte Abenteuer war dies:
»Weißt du, Knirps, heute hab ich ›Fledermaus‹ gespielt.«
»Mit Luciano, von dem du mir erzählt hast, dass er eines Tages kommen wird, um hier hinten bei uns zu wohnen?«
»Aber nein, du Dummer! ›Fledermaus‹ spielen ist was ganz anderes: Wenn ein Auto sehr langsam an der Schule vorbeifährt,

dann springt man hinten drauf und klammert sich ganz fest an den Ersatzreifen, der da dran ist. Und dann fährt man mit, und das ist sehr lustig. Wenn das Auto an eine Ecke kommt, wo es einbiegen will, hält es immer kurz an, um zu sehen, ob ein anderer Wagen kommt. Da springt man ab. Aber da muss man vorsichtig sein. Denn wenn man runterspringt, solange es noch schnell fährt, schlägt man mit dem Hintern auf den Boden oder schürft sich die Arme auf.«

So schwatzte ich über alles, was sich während der Schulstunden und in den Pausen ereignete. Kaum zu glauben, aber Knirps platzte fast vor Stolz, als ich ihm erzählte, dass Dona Cecilia Paim gesagt hatte, ich lese am allerbesten! Ich sei der beste »Vorleser!« Über dieses Wort hatte ich meine Zweifel, und ich beschloss, Onkel Edmundo bei erster Gelegenheit zu fragen, ob es wirklich Vorleser heißt.

»Aber das Fledermausspiel, Knirps. Damit du dir vorstellen kannst, wie das ist: Es ist beinahe ebenso schön, wie auf dir zu reiten.«

»Aber bei mir ist es doch ganz ungefährlich.«

»Das meinst du, was? Und wenn du wie verrückt über die Prärie im Wilden Westen galoppierst, wo wir die Bisons und die Büffel jagen! Hast du das etwa vergessen?«

Er musste mir recht geben, denn gegen mich anzukommen, gelang ihm nie.

»Aber *ein* Auto gibt es, Knirps. Eins, bei dem noch nie jemand den Mut gehabt hat, aufzuspringen. Weißt du, welches das ist? Das ganz große, das dem Portugiesen gehört, dem Manuel Valadares. Hast du schon mal einen so scheußlichen Namen gehört wie den: Manuel Valadares ...?«

»Nein. Aber ich glaube doch, dass ...«

»Meinst du, ich weiß nicht, was du denkst? Ich weiß es genau.

Aber es ist noch nicht so weit. Lass mich erst noch mehr üben … Bis ich mich dranwage …«

Und so gingen die Tage vergnüglich hin. Eines Morgens erschien ich mit einer Blume bei meiner Lehrerin. Sie war sehr gerührt und sagte, ich sei ein Kavalier.

»Weißt du, was das ist, Knirps? Kavalier ist einer, der sehr gut erzogen ist, fast so wie ein Prinz.«

Ich hatte viel Freude am Lernen und strengte mich immer mehr an. Nie kamen Klagen über mich von der Schule. Gloria sagte, ich habe mein Teufelchen wohl in der Schublade verwahrt und sei ein ganz anderer Junge geworden.

»Glaubst du, dass ich anders werde, Knirps?«

»Es scheint so. Vielleicht.«

»Nein, es ist wirklich so, und ich wollte dir auch gerade ein Geheimnis erzählen, jetzt tu ich's aber nicht mehr!«

Ärgerlich ging ich weg. Aber er machte sich nichts draus, denn er wusste, dass mein Zorn immer schnell verrauchte.

Das Geheimnis war für den Abend geplant, und ich zersprang fast vor Spannung. Es dauerte so lange, bis die Fabrik pfiff und die Menschen vorbeigingen. Und der Sommertag wollte nicht dunkel werden. Auch die Zeit fürs Abendessen kam und kam nicht. Ich hockte an der Gartenpforte und schaute in der Gegend herum, ohne an die Geschichte mit der Schlange oder an sonst was zu denken. Ich saß ganz still da und wartete auf Mama. Sogar Jandira wunderte sich über mich und fragte, ob ich unreifes Obst gegessen und Bauchweh habe.

Mamas Gestalt tauchte undeutlich an der Ecke auf. Es konnte nur sie sein, denn es gab keinen Menschen auf der ganzen Welt, der ihr glich. Ich sprang auf und rannte ihr entgegen.

»*Olá*, Mama!«

Ich küsste ihr die Hand und sah gleich, wie müde sie war.

»Hast du heute viel arbeiten müssen, Mama?«

»Sehr viel, mein Junge. Und eine Hitze war das in der Weberei, fast nicht zum Aushalten.«

»Gib mir deine Tasche; du bist müde.«

Ich trug die Tasche, in der das leere Essgeschirr war.

»Viel angestellt heute?«

»Nur ganz wenig, Mama.«

»Warum bist du mir denn entgegengekommen?«

Sie ahnte wohl schon etwas.

»Mama, hast du mich nur ein ganz kleines bisschen lieb?«

»Ich habe dich genauso lieb wie die anderen. Weshalb?«

»Mama, kennst du Nardino? Weißt du, den Neffen von der dicken Watschelente?«

Sie lachte.

»Ich weiß schon.«

»Hör zu, Mama. Seine Mutter hat ihm einen wunderschönen Anzug genäht. Grün mit weißen Streifen. Und eine kleine Weste, die man am Hals zuknöpft. Aber der Anzug ist zu klein geraten. Und nun hat er ja keinen kleinen Bruder, der ihn tragen kann. Da hat er gesagt, sie wollen ihn verkaufen ... Kaufst du ihn mir?«

»Ach, mein Kind! Das ist doch alles nicht so einfach für uns.«

»Aber du kannst ihn in zwei Raten bezahlen. Und er ist nicht teuer! Kostet nicht mal den Macherlohn!«

Ich redete wie ein Hausierer an der Tür.

Sie schwieg und rechnete.

»Mama, ich bin der beste Schüler in meiner Klasse. Die Lehrerin hat gesagt, ich werde eine Auszeichnung kriegen ... Kauf ihn doch, Mama. Ich hab so lange, so lange keine neuen Sachen mehr gehabt ...«

Ihr anhaltendes Schweigen beängstigte mich.

»Guck, Mama, wenn es diesmal nichts wird, dann kriege ich sicher niemals mehr einen Anzug wie ein Dichter, und Lalá näht mir dazu eine breite Schleife aus Seide, die hat sie schon …«

»Na gut, mein Kleiner. Ich mache eine Woche lang Abendschicht, und dann kaufe ich dir deinen Anzug.«

Ich küsste ihr die Hand, drückte mein Gesicht hinein und ging so mit ihr nach Hause.

So kam ich zu meiner Dichterkleidung, und ich sah so hübsch darin aus, dass Onkel Edmundo mich fotografieren ließ.

Die Schule. Die Blume. Die Blume. Die Schule.

Alles lief sehr gut. Aber eines Tages kam Godofredo in die Klasse. Er entschuldigte sich und ging zu Dona Cecilia Paim, um ihr etwas zu sagen. Ich sah nur, dass er auf die Blume zeigte, die im Glas stand. Dann ging er wieder hinaus. Sie sah mich traurig an.

Nach der Stunde rief sie mich:

»Ich möchte etwas mit dir besprechen, Sesé. Warte einen Augenblick.«

Sie kramte in ihrer Handtasche herum und hörte und hörte nicht auf damit. Man merkte, dass sie gar keine Lust hatte, mit mir zu sprechen, und dass sie sich irgendwie Mut zu machen suchte. Schließlich gab sie sich einen Stoß. »Godofredo hat mir etwas sehr Hässliches von dir erzählt, Sesé, ist das wahr?«

Ich nickte.

»Das mit der Blume? Ja.«

»Wie machst du das?«

»Ich stehe morgens etwas früher auf, und dann gehe ich noch an Sergios Garten vorbei. Wenn die Gartenpforte nur angelehnt ist, laufe ich schnell rein und nehme mir eine Blume. Aber da sind so viele, man sieht es gar nicht.«

»Ja. Aber es ist nicht recht. Du darfst das nicht tun. Das ist kein Nehmen mehr, das ist schon ein bisschen Stehlen.«

»Nein, nein, Dona Cecilia. Gehört die Welt nicht Gott? Gehört nicht alles auf der Welt Gott? Dann gehören auch die Blumen Gott ...«

Sie war betroffen von meiner Logik.

»Ich kann es ja nur so machen. Zu Hause haben wir keine Blumen. Blumen sind teuer ... Und ich wollte nicht, dass das Glas auf Ihrem Tisch immer leer ist.«

Sie schluckte.

»Geben Sie mir nicht manchmal Geld, damit ich mir einen Krapfen kaufen kann?«

»Ich gäbe es dir gern jeden Tag, aber du läufst oft so schnell weg ...«

»Ich könnte es auch nicht immer annehmen ...«

»Warum?«

»Weil noch viele andere arme Kinder da sind, die auch kein Schulbrot mithaben.«

Sie zog ihr Taschentuch heraus und wischte sich die Augen.

»Sie kennen doch die kleine Eule, nicht?«

»Wer ist denn die kleine Eule?«

»Das schwarze Mädchen, das genauso klein ist wie ich; ihre Mutter macht immer kleine Röllchen aus ihrem Haar und knotet Bindfäden drum.«

»Ich weiß schon, Dorotilia.«

»Ja, die meine ich, Dorotilia ist viel ärmer als ich. Und die anderen Mädchen spielen nicht mit ihr, weil sie so schwarz ist und so arm. Darum steht sie immer allein da. Den Krapfen, den Sie mir schenken, den teile ich mit ihr.«

Diesmal hielt sie ihr Taschentuch ausgiebig an die Nase.

»Vielleicht könnten Sie ihn manchmal ihr schenken statt mir.

Ihre Mutter ist Waschfrau und hat elf Kinder. Alle noch klein. Meine Großmama gibt ihr jeden Samstag etwas Reis und Bohnen, um ihnen zu helfen. Und ich teile meinen Krapfen mit ihr, weil Mama uns beigebracht hat, dass wir unsere Armut immer mit denen teilen sollen, die noch ärmer sind als wir.«

Tränen traten ihr in die Augen.

»Ich möchte nicht, dass Sie weinen. Ich verspreche, dass ich keine Blumen mehr wegnehme und auch immer ein fleißiger Schüler bleibe.«

»Das ist ja nicht der Grund, Sesé. Komm her!«

Sie nahm meine Hände in ihre.

»Du wirst es mir versprechen, denn du hast ein gutes Herz, Sesé.«

»Ich verspreche es. Aber ich will Ihnen nichts vormachen. Ich habe kein gutes Herz. Sie sagen das nur, weil Sie nicht wissen, wie ich zu Hause bin.«

»Das ist egal. Für mich hast du eins. Von jetzt an möchte ich, dass du mir keine Blumen mehr mitbringst. Höchstens, wenn du sie geschenkt bekommst. Versprichst du mir das?«

»Ja. Aber das Glas? Bleibt das nun immer leer?«

»Das Glas kann nie wieder leer sein. Wenn ich es anschaue, werde ich immer die allerschönste Blume drin sehen. Und dann werde ich denken: Diese Blume hat mir mein bester Schüler geschenkt. Gut so?«

Sie lachte. Dann ließ sie meine Hände los und sagte freundlich: »Jetzt kannst du gehen, mein Lieber …«

»IM KERKER WILL ICH DICH EINST STERBEN SEHN«

Das Erste – und es war sehr nützlich –, was wir in der Schule lernten, waren die Wochentage. Als ich die Wochentage konnte, wusste ich, dass er immer dienstags kam. Und ich entdeckte, dass er immer einen Dienstag an der anderen Seite des Bahnhofs herumzog und am nächsten auf unserer Seite.

Darum schwänzte ich an diesem Dienstag die Schule. Ich wollte nicht, dass Totoca es merkte; denn sonst müsste ich ihm Murmeln geben, damit er mich zu Hause nicht verpetzte. Da es noch früh war und *er* erst kommen würde, wenn die Kirchenuhr neun schlug, spazierte ich noch ein bisschen durch die Straßen. Erst hielt ich mich eine Weile in der Kirche auf und betrachtete die Heiligen. Ich spürte ein gewisses Unbehagen, weil die Statuen so still dastanden mit den vielen Kerzen davor. Die Kerzenflammen flackerten und blinkten, und die Heiligen blinkten auch. Ich zweifelte ein bisschen, ob es schön wäre, ein Heiliger zu sein und die ganze Zeit so stocksteif und still dazustehen.

Ich ging auch in die Sakristei, wo Senhor Zacarias gerade die niedergebrannten Kerzen aus den Leuchtern nahm und neue hineintat. Er hatte einen ganzen Haufen Lichtstümpfchen auf dem Tisch liegen.

»Guten Morgen, Senhor Zacarias.«

Er hielt inne, schob die Brille auf die Nasenspitze, brummte, wandte sich wieder ab und antwortete:

»Guten Morgen, Junge.«

»Kann ich Ihnen helfen?«

Ich verschlang die Lichtstümpfchen mit den Augen.

»Damit hältst du mich nur auf. Hast du keine Schule heute?«

»Doch. Aber die Lehrerin ist nicht gekommen. Sie hat Zahnweh.«

»Ach so.«

Wieder drehte er sich um und schob die Brille nach vorn.

»Wie alt bist du, Junge?«

»Fünf. Nein, sechs. Nein, sechs noch nicht, fünf.«

»Na, nun sag schon: fünf oder sechs?«

Ich dachte an die Schule und log:

»Sechs.«

»Wenn du sechs Jahre bist, solltest du mit dem Katechismusunterricht anfangen.«

»Darf ich das denn schon?«

»Warum nicht? Du musst nur jeden Donnerstagnachmittag um drei Uhr hier sein. Willst du kommen?«

»Das hängt davon ab. Wenn Sie mir die Kerzenreste geben, dann komm ich.«

»Wofür willst du die denn haben?«

Der Teufel hatte mir mal wieder einen Einfall gegeben.

Ich log aufs Neue:

»Ich brauche sie, um meine Drachenleine einzuwachsen, damit sie fester wird.«

»Dann nimm sie.«

Ich raffte die Stümpfchen zusammen und verstaute sie in meiner Tasche, in der auch die Schulhefte und die Murmeln waren. Ich war ganz zappelig.

»Vielen Dank, Senhor Zacarias.«

»Nun denkst du aber auch daran, he? Donnerstag.«

Ich stürzte davon. Da es früh war, reichte die Zeit noch, um mein Vorhaben auszuführen. Ich rannte bis zum Casino, und als gerade niemand zu sehen war, überquerte ich die Straße und verrieb das Wachs so schnell ich nur irgend konnte auf dem Pflaster. Dann lief ich zurück und setzte mich vor eine der vier verschlossenen Türen des Casinos. Ich wollte von dort aus sehen, wer zuerst ausrutschte.

Ich war schon nahe daran, aufzugeben. Plötzlich, o nein! Der Atem blieb mir stehen. Dona Corina, die Mutter von Nana, kam mit einem Tuch und einem Buch aus der Tür, um zur Kirche zu gehen.

»Heilige Jungfrau!«

Ausgerechnet sie, wo sie doch mit meiner Mutter befreundet und Nana die beste Freundin von Gloria war! Das wollte ich nicht miterleben. Ich raste bis zur Ecke und hielt an, um zu gucken. Sie war hingeschlagen und schimpfte wie ein Rohrspatz. Gleich darauf liefen Menschen herbei, um zu sehen, ob sie sich verletzt hatte, aber ihr Schimpfen ließ erkennen, dass es damit nicht weit her sein konnte.

»Das sind die verdammten Straßenjungen, die hier herumstrolchen.«

Erleichtert atmete ich auf. Freilich nicht mehr so erleichtert, als mir eine Hand auffiel, die von hinten meine Tasche festhielt.

»Das ist ein Streich von dir, nicht wahr, Sesé?«

Senhor Orlando mit dem roten Haar. Ausgerechnet er, der so lange unser Nachbar gewesen war. Mir blieb die Spucke weg.

»Warst du's oder warst du's nicht?«

»Sie erzählen es doch nicht bei mir zu Hause?«

»Nein. Aber hör gut zu, Sesé. Diesmal lass ich's noch durchgehen, denn diese Alte da ist eine große Klatschtante. Aber mach das ja nicht noch mal, denn bei so was kann sich leicht einer das Bein brechen.«

Ich setzte mein allergehorsamstes Gesicht auf, und er ließ mich los.

Ich strich wieder um den Markt herum und wartete, dass er käme. Vorher ging ich noch bei der Bäckerei von Senhor Rozemberg vorbei und sagte freundlich:

»Guten Morgen, Senhor Rozemberg.«

Er gab mir ein trockenes »Guten Morgen« zurück, aber keine Rede von irgendeiner Süßigkeit. Scheißkerl! Das tat er nur, wenn ich mit Lalá zusammen war.

Aha, da kam er.

Im gleichen Augenblick erdröhnten die neun Schläge der Uhr. Er war immer pünktlich, ich folgte ihm in einiger Entfernung. Er ging in die Rua do Progresso und blieb direkt an der Ecke stehen. Er legte seine Tasche auf den Boden und warf die Jacke über die linke Schulter. Was für ein schön kariertes Hemd er anhatte! Ich wollte als Mann später auch nur solche Hemden tragen. Und außerdem hatte er noch ein rotes Tuch um den Hals gebunden und den Hut weit nach hinten geschoben. Jetzt erhob er seine laute Stimme, die fröhlich in die Straße hineinklang:

»Kommt her, liebe Leute! Die Neuigkeiten des Tages!«

Auch sein Bahianer Tonfall hatte es mir angetan.

»Der größte Erfolg der Woche. *Claudionor* ... *Pardon* ... Die jüngste Komposition von Chico Viola. Der letzte Erfolg von Vincente Celestino. Hört und lernt, liebe Leute, es ist das Allerneueste!«

Seine besondere Art, die Worte beinahe zu singen, entzückte mich. Ich wünschte mir, er möchte *Fanny* singen. Er sang dieses Lied immer, und ich wollte es gern lernen. Wenn er an die Stelle kam, wo es hieß: »Im Kerker will ich einst dich sterben sehn ...«, dann liefen mir sogar wohlige Schauer den Rücken herunter. Jetzt stimmte er den *Claudionor* an und sang:

Zum Samba stieg auf die Mangueirahöhe ich.
Ein schönes Mädchen rief und lockte mich …
Ich geh nicht hin, hab Angst vor ihrem Mann.
Er ist so stark, dass er mich töten kann …
Nicht schwere Arbeit, wie der Claudionor,
Nähm, die Familie zu ernähren, ich mir vor! …

Hier legte er eine Pause ein und rief:
»Texthefte in allen Preislagen, angefangen von einem Zehner! Sechzig neue Lieder! Die letzten Tangos!«
Und jetzt kam das Lied, das meine ganze Seligkeit ausmachte: *Fanny.*

Du nutztest aus, dass sie alleine schlief,
Und gabst ihr keine Zeit, dass sie die Nachbarn rief,
Erdolchtest mitleidlos in deiner Wut …

(Hier wurde seine Stimme so sanft, so süß, so schmachtend, dass sie selbst ein Herz aus Stein erweichen musste.)

Die arme, arme Fanny, ach, ihr Herz war gut.

Bei Gott, ich schwör's, auch dir soll's schlecht ergehn!
Im Kerker will ich einst dich sterben sehn!
Erdolchtest mitleidlos in deiner Wut
Die arme, arme Fanny, ach, ihr Herz war gut.

Die Leute kamen aus den Häusern und kauften Hefte, nachdem sie ausgesucht hatten, was ihnen am besten gefiel. Wegen *Fanny* heftete ich mich an seine Fersen. Er wandte sich mit einem breiten Lächeln zu mir:
»Willst du eins, Junge?«

»Nein. Ich hab kein Geld.«

»Das hab ich mir gleich gedacht.«

Er nahm seine Tasche und ging die Straße entlang weiter, wobei er rief:

»Der *Walzer Pardon! ›Dieweil ich rauche, wart ich dein‹* und *›Ihr Burschen, lebt wohl‹*, dazu Tangos, die noch beliebter sind als *Nacht der Könige*. In der Stadt singt man nur noch diese Tangos ... *Himmelslicht*, hört nur, was für ein herrliches Lied!«

Und er schmetterte:

Dein Blick voll Himmelslicht lässt mich vermeinen,
Es tät der Sterne Glanz vom Firmamente scheinen.
Auch dort im Himmel kann's, das will bei Gott ich schwören,
Nicht Augen geben, die wie deine so betören ...

Lass deine Augen fest in meine schaun, damit du nicht vergisst,
Wie traurig Lieb im Mondeslicht geboren ist.
Die Augen sagen es, auch ohne dass sie sprechen,
Wie Liebe kann ein armes Herze brechen ...

Er kündigte noch weitere Lieder an, verkaufte etliche Hefte und entdeckte mich wieder. Er brach ab und winkte mich mit dem Finger heran.

»Komm mal her, *passarinho*.«

Lachend gehorchte ich.

»Willst du nicht endlich aufhören, mir ständig und überall hin nachzulaufen?«

»Nein. Es gibt keinen, der so schön singt wie Sie.«

Er fühlte sich geschmeichelt und einigermaßen entwaffnet. Ich merkte, dass ich ihn günstig stimmte.

»Aber du bist wirklich ein lästiges Insekt!«

»Ich wollte doch nur hören, ob Sie tatsächlich besser singen als Vincente Celestino und Chico Viola. Und das tun Sie!«
Er strahlte.
»Hast du die beiden denn eigentlich schon gehört, *passarinho*?«
»Ja. Auf einer Schallplatte beim Sohn von Doktor Raimundo Paz.«
»Dann ist es bloß, weil er ein altes Grammofon hat oder die Nadel nichts mehr taugt.«
»Nein. Das Grammofon war ganz neu, eben gekauft. Sie singen wirklich viel besser. Ich hab mir auch gerade was überlegt.«
»Na, was denn?«
»Ich gehe die ganze Zeit hinter Ihnen her. Gut, Sie sagen mir, wie viel jedes Heft kostet. Dann singen Sie, und ich verkaufe die Hefte. Einem Kind kaufen immer alle gern was ab.«
»Keine schlechte Idee, *passarinho*. Aber eins sag mir: Du tust das, weil du es selber willst. Bezahlen kann ich dir nichts dafür.«
»Aber ich will auch gar nichts.«
»Und weshalb dann?«
»Ich hab Singen gern. Und ich lerne gern neue Lieder. Und ich finde, *Fanny* ist das Schönste, was es gibt. Wenn Sie nun sehr viel verkaufen, und zum Schluss bleibt noch ein altes Heft übrig, das niemand haben will, das können Sie mir dann vielleicht für meine Schwester schenken.«
Er nahm den Hut ab und kratzte sich am Kopf, auf dem das Haar ganz kurz geschnitten war.
»Ich habe eine Schwester, die ist schon ein junges Mädchen, und sie heißt Gloria. Der möchte ich es mitbringen. Nur das.«
»Also, gehen wir!«
Und wir zogen herum, sangen und verkauften. Er sang und ich lernte. Als es zwölf Uhr schlug, guckte er mich besorgt an.
»Und? Gehst du denn nicht nach Hause zum Mittagessen?«

»Erst wenn wir fertig sind.«
Wieder kratzte er sich den Kopf.
»Komm mit mir!«
Wir setzten uns in eine Wirtschaft in der Rua Ceres, und er fischte ein riesiges Brot aus den Tiefen seiner Tasche. Er zog ein Messer aus dem Gürtel. Ein Messer, vor dem man Angst kriegen konnte. Damit schnitt er ein Stück von dem Brot ab und gab es mir. Dann trank er ein Gläschen Zuckerrohrschnaps und bestellte zweimal Limonade, um den Imbiss zu begießen. Er sagte »Imbiss«. Während er aß, ruhten seine Augen auf mir, und diese Augen sahen sehr zufrieden aus.
»Weißt du was, *passarinho*? Du bringst mir Glück. Ich hab zu Haus einen ganzen Stall voll Kinder und bin noch nie auf die Idee gekommen, eins davon als Helfer mitzunehmen.«
Er trank einen großen Schluck Limonade.
»Wie alt bist du?«
»Fünf. Sechs ... Fünf.«
»Fünf oder sechs?«
»Noch nicht ganz sechs.«
»Du bist ein sehr kluger Junge, und du bist wirklich nett.«
»Heißt das, dass wir uns nächsten Dienstag wieder treffen wollen?«
Er lachte.
»Wenn du Lust hast.«
»O ja. Aber ich muss es meiner Schwester sagen. Sie wird's schon verstehen. Es ist sogar gut, denn auf der anderen Seite vom Bahnhof war ich noch nie.«
»Woher weißt du denn, dass ich dorthin gehe?«
»Weil ich jeden Dienstag auf Sie warte. Einmal kommen Sie, das nächste Mal nicht. Da denk ich mir, Sie gehen dann auf die andere Seite der Schienen.«

»Du bist ja ein ganz Schlauer! Wie heißt du eigentlich?«
»Sesé.«
»Und ich Ariovaldo. Gib mir die Hand!«
Er nahm meine Hand zwischen seine schwieligen Hände, und damit wurden wir Freunde auf Lebenszeit.

Es war gar nicht so schwer, Gloria zu überreden.
»Aber, Sesé, jede Woche einen Tag? Und die Schulaufgaben?«
Ich zeigte ihr mein Heft, und meine Abschreibeübungen waren alle gut und sorgfältig gemacht. Die Zensuren hätten nicht besser sein können. Mit dem Rechenheft war es dasselbe.
»Und im Lesen bin ich der Beste, Gloria.«
Selbst da zögerte sie noch.
»Was wir jetzt lernen, das wird noch sechs Monate lang immer wiederholt. Bis es diese Herde von Eseln gelernt hat, vergeht viel Zeit.«
Sie lachte.
»Was für ein Ausdruck, Sesé!«
»Wirklich, Gloria, man lernt viel mehr, wenn man singt. Willst du wissen, was ich Neues gelernt hab? Ich bin gleich zu Onkel Edmundo gelaufen und er hat mir erklärt, was es heißt: Hör mal, zum Beispiel: *Firmament* und *Betören*. Und dann bring ich dir noch jede Woche ein Heft mit, und du lernst die allerschönsten Lieder!«
»Das stimmt. Aber was sagen wir Papa, wenn er merkt, dass du dienstags nie zum Mittagessen kommst?«
»Er merkt das gar nicht. Und wenn er einmal fragt, dann musst du eben lügen. Dann sagst du, ich bin bei der Großmama oder ich hab der Nana was auszurichten und sie hat mich wohl zum Essen dabehalten.«
Heilige Jungfrau! Gut, dass das nur eine Überlegung für den Fall

eines Falles war! Denn wenn die Alte wüsste, was ich auf dem Kerbholz hatte ...
Schließlich war Gloria einverstanden, denn sie wusste, ich würde in dieser Zeit keine Streiche aushecken und mir deshalb auch keine Prügel verdienen können. Außerdem war es schön, wenn wir dann mittwochs zusammen unter den Orangenbäumen saßen und ich ihr die Melodien beibrachte.

Ich konnte den Dienstag kaum abwarten. Ich ging zum Bahnhof, um Senhor Ariovaldo schon dort zu treffen.
Wenn er den Zug nicht verpasst hatte, musste er um acht Uhr dreißig ankommen.
Ich spazierte auf und ab und schaute mir alles an. Am liebsten ging ich an der Konditorei vorbei und sah die Menschen von dort aus die Bahnhofstreppe herunterkommen.
Das war ein vorzüglicher Platz zum Schuhputzen. Aber Gloria erlaubte es nicht. Denn hier passte die Polizei auf und nahm einem den Schuhputzkasten fort. Und dann waren ja auch noch die Züge da. Ich durfte nur dann mit Senhor Ariovaldo gehen, wenn er mich an der Hand nahm, sogar auf der Brücke, die über die Gleise führte.
Da kam er angerannt. Seit *Fanny* war er überzeugt, ich wüsste, was die Leute kaufen würden.
Wir setzten uns auf die Mauer am Bahnhof, gerade gegenüber vom Fabrikgelände, und er schlug das wichtigste Heft auf, zeigte mir die Lieder und summte die Anfänge.
Wenn mir eins nicht gefiel, nahm er das nächste vor.
»Das hier ist neu: *Müßiggängerin.*«
Er sang es.
»Bitte noch einmal.«
Er wiederholte den letzten Vers.

»Dies, Senhor Ariovaldo, und dann *Fanny* und die Tangos, das verkaufen wir alles.«
Und wir zogen durch die sonnigen, staubigen Straßen und waren wie lustige Vögel, die den Sommer einsingen.
Seine schöne, kräftige Stimme schallte durch den Morgen:
»Der Erfolg der Woche, des Monats, des Jahres. *Müßiggängerin* von Chico Viola.«

Im Silberlichte steigt der Mond empor,
Beginnt am grünen Berge seinen Lauf.
Des Sängers Weise dringt an Liebchens Ohr.
Die Serenade weckt das Mädchen auf.

Mit einer Melodie der Leidenschaft
Und vollen Lautenklängen er gesteht
Der Liebsten seiner Liebe große Kraft
Und dass sein Herz um ihre Liebe fleht.

An dieser Stelle machte er eine kurze Pause, nickte zweimal mit dem Kopf, und ich fiel mit meiner dünnen, aber reinen Stimme ein:

Du holdes Frauenbild, das mich berückt,
Ich säh vor dem Altare dich so gern
Und hielte dir, von deinem Licht beglückt,
Du Müßiggängerin, das Joch der Arbeit fern.

War das ein Stück! Junge Mädchen eilten herbei, um zu kaufen, Herren, Leute jeden Alters und Standes. Am liebsten verkaufte ich die Hefte zu vierzig. Bei den Mädchen wusste ich schon, wie es dann ausging:

»Hier ist Ihr Wechselgeld, Dona.«

»Behalt es nur und kauf dir Bonbons dafür!«

Ich nahm schon geradezu die Redeweise von Senhor Ariovaldo an. Mittags war es wie immer. Wir gingen in die nächstgelegene Wirtschaft und verschlangen, hoppla hopp, das Brötchen, bald mit Orangen-, bald mit Himbeersaft. Dann steckte ich die Hand in die Hosentasche, in der ich das Wechselgeld hatte, und warf es auf den Tisch.

»Hier, Senhor Ariovaldo.«

Und ich schob ihm die Münzen hin.

Er lächelte und sagte:

»Du bist ein anständiger Junge, Sesé.«

»Senhor Ariovaldo, warum haben Sie eigentlich am Anfang immer *passarinho* zu mir gesagt?«

»In meiner Heimat, in Bahia, nennt man Kinder, wenn sie sehr klein sind, eben Vögelchen.«

Er kratzte sich den Kopf und nahm die Hand vor den Mund, weil er aufstoßen musste.

Er entschuldigte sich und nahm einen Zahnstocher, den er benutzte. Und das Geld lag immer noch an der selben Stelle.

»Ich habe mir was überlegt, Sesé. Von heute an kannst du das Wechselgeld für dich behalten. Schließlich machen wir es doch jetzt als Duett.«

»Was ist das, Duett?«

»Wenn zwei Leute zusammen singen.«

»Dann darf ich mir einen kleinen Kuchen kaufen?«

»Es ist dein Geld. Gib es aus, wie du magst.«

»Danke, *companheiro*!«

Er lachte, weil ich geredet hatte wie er. Dann aß ich meinen Kuchen und sah ihn an.

»Bin ich wirklich einer vom Duett?«

»Ja, das bist du jetzt.«
»Dann sollten Sie mich das Stück mit dem Herz von der *Fanny* singen lassen. Sie singen laut, und ich komm dann beim Herz dazu und mach meine Stimme ganz süß.«
»Keine schlechte Idee, Sesé.«
»Wenn wir nach dem Mittagessen wieder anfangen. Dann singen wir zuerst die *Fanny*, denn die geht immer so gut.«
Und unter der heißen Sonne nahmen wir unsere Arbeit wieder auf. Wir waren mittendrin in der *Fanny*, da passierte ein Unglück. Dona Maria da Penha kam sehr scheinheilig unter ihrem Sonnenschirm daherspaziert. Ihr Gesicht war ganz weiß vor lauter Puder. Sie blieb stehen, um sich unsere *Fanny* anzuhören. Senhor Ariovaldo hatte eine böse Ahnung und schubste mich, damit ich nicht nur sang, sondern dabei auch weiterging.
Doch was half's? Fannys Herz hatte mich so behext, dass ich es überhaupt nicht bemerkte.
Dona Maria da Penha klappte den Sonnenschirm zu und schlug mit seiner Spitze gegen ihren Schuh. Als ich aufhörte, war ihr Gesicht voller Entrüstung, und sie rief:
»Das ist die Höhe! Das ist doch wirklich die Höhe! Da lässt man ein Kind ein derartig unmoralisches Lied singen!«
»Dona, meine Arbeit hat nicht das Geringste mit Unmoral zu tun! Jede ehrliche Arbeit ist Arbeit, und ich brauche mich deshalb nicht zu schämen. Verstehen Sie?«
Ich hatte Senhor Ariovaldo noch nie so aufgebracht gesehen. Wenn sie Streit wollte, konnte sie ihn haben.
»Ist das Ihr Kind?«
»Nein, Dona, leider nicht.«
»Ihr Neffe? Ihr Verwandter?«
»Nein.«
»Wie alt ist er?«

»Sechs.«
Sie zweifelte, als sie meine kleine Gestalt ansah. Aber sie fuhr fort:
»Schämen Sie sich nicht, ein kleines Kind so auszunützen?«
»Ich denke gar nicht daran, irgendjemanden auszunutzen, Dona. Er singt mit mir, weil er es selber möchte und weil er's gern tut, verstanden? Außerdem bezahl ich ihm was, oder?«
Ich nickte. Ich fand diesen Streit herrlich. Am liebsten hätte ich ihr den Kopf in den Bauch gerammt und den Radau drinnen gehört, bum!
»Dass Sie es nur wissen, ich werde etwas dagegen unternehmen! Ich werde mit dem Pfarrer sprechen. Ich werde mit dem Jugendgericht sprechen. Ich werde sogar zur Polizei gehen!«
Dann aber schwieg sie und riss die Augen auf. Senhor Ariovaldo hatte sein Messer gezogen und ging auf sie zu. Ich sah sie schon in Ohnmacht fallen.
»Machen Sie, dass Sie wegkommen, Dona, aber schleunigst! Ich bin sehr gutmütig, aber ich habe die Angewohnheit, Zungen von Quasselhexen abzuschneiden, wenn die sich in etwas einmischen, was sie nichts angeht ...«
Steif wie ein Besenstiel ging sie davon, und als sie weit genug entfernt war, drehte sie sich um und fuchtelte mit dem Sonnenschirm in unsere Richtung.
»Sie werden schon noch sehen ...«
»Hau ab, alte Hexe aus Croschoscho!«
Sie spannte den Schirm auf und verschwand in der Straße, stocksteif und böse.

Am Nachmittag zählte Senhor Ariovaldo seine Einnahmen.
»Wir haben alles verkauft, Sesé. Du hast recht. Du bringst mir Glück.«

Ich erinnerte mich an Dona Maria da Penha.
»Und wird sie irgendwas tun?«
»Ach was, Sesé. Höchstens mit dem Pfarrer wird sie reden. Und der Pfarrer rät ihr dann: ›Besser, Sie lassen die Finger davon, Dona Maria. Mit diesen Leuten aus dem Norden ist nicht zu spaßen.‹«
Er steckte das Geld ein und rollte die Tasche zusammen. Dann holte er, wie jedes Mal, ein gefaltetes Heft aus der Hosentasche.
»Das ist für deine Schwester Gloria.«
Er streckte sich.
»Das war ein fetter Tag!«
Wir ruhten uns eine Weile aus.
»Senhor Ariovaldo?«
»Nun?«
»Was heißt ›Hexe aus Croschoscho‹?«
»Was weiß ich, Junge! Das hab ich nur so im ersten Zorn erfunden.«
Er lachte herzlich.
»Hätten Sie sie wirklich erstochen?«
»Unsinn! Das war doch bloß, um sie zu erschrecken.«
»Wenn man sie anstäche, kämen dann Därme raus oder Holzwolle wie bei einer Puppe?«
Er lachte und tätschelte freundschaftlich meinen Kopf.
»Weißt du was, Sesé? Ich glaube, was da rauskäme, wäre einfach Mist.«
Da lachten wir beide.
»Aber hab du nur keine Bange. Ich gehöre nicht zu denen, die jemanden umbringen. Nicht mal ein Huhn. Ich hab solchen Schiss vor meiner Frau, dass sie mich sogar mit dem Besenstiel haut.«
Wir standen auf und gingen zum Bahnhof. Er drückte meine Hand und sagte:

»Um sicherzugehen, lassen wir die nächsten Male diese Straße lieber aus.«

Er drückte meine Hand mit noch mehr Nachdruck.

»Bis nächsten Dienstag, *companheiro*!«

Ich nickte, während er langsam, Stufe um Stufe, die Treppe hinaufstieg.

Von oben rief er mir zu:

»Du bist ein Engel, Sesé.«

Ich winkte ihm zum Abschied zu und fing an zu lachen. Engel? Wenn er wüsste …

Zweiter Teil

DAMALS ERSCHIEN IN SEINER GANZEN TRAURIGKEIT DAS GOTTESKIND

FLEDERMAUS SPIELEN

»Beeil dich, Sesé, du kommst noch zu spät in die Schule!« Ich saß am Tisch, trank meinen Becher Kaffee und kaute seelenruhig das trockene Brot. Wie immer hatte ich den Ellenbogen aufgestützt und betrachtete den Kalender, der an der Wand hing. Gloria saß wie auf Kohlen.

Sie konnte es nie abwarten, uns loszuwerden, um Ruhe für die Hausarbeit zu haben.

»Jetzt beeil dich doch, du kleiner Teufel! Du hast dich nicht mal gekämmt. Warum kannst du nicht sein wie Totoca; der ist immer rechtzeitig fertig.«

Sie kam mit dem Kamm und fuhr durch meine blonden Strähnen.

»An den paar Borsten ist auch so gut wie nichts zu kämmen.«

Sie hob mich vom Stuhl und musterte mich kritisch, ob Hemd und Hose in Ordnung waren.

»Jetzt aber nichts wie los!«

Totoca und ich hängten uns die Schultaschen um. Da waren Bücher, Hefte und Bleistift drin. Kein Schulbrot; so was gab es nur für die anderen Kinder. Gloria drückte den Boden meiner Tasche zusammen, fühlte, dass sie eine Menge Murmeln enthielt, und lächelte. Unsere Tennisschuhe trugen wir in der Hand. Die zogen wir erst am Markt an, dicht bei der Schule.

Kaum waren wir auf der Straße, da rannte Totoca davon und ließ mich den Weg gemächlich allein zurücklegen. Dann machte ich mich daran, meine Streiche auszuhecken. Das konnte ich viel besser, wenn er schon vorausgelaufen war. Mein größtes Vergnügen war die Landstraße. Da müsste man auch Fledermaus spielen. Ja, Fledermaus. Sich ganz fest hinten an die Autos klammern und dann die Straße fühlen, während der Fahrtwind einen sausend und pfeifend umstrich. Das wäre ganz wunderbar. Fledermaus spielen taten wir alle. Totoca hatte es mir beigebracht und mir tausend Warnungen mitgegeben: mich gut festzuhalten, weil die Autos, die hinterher kämen, sehr gefährlich werden könnten. Ganz allmählich überwand ich die Angst, und die Freude am Abenteuer stachelte mich zu immer verwegeneren Wagnissen an. Ich war mit der Zeit so geschickt geworden, dass ich sogar schon am Wagen von Senhor Ladislau die Fledermaus gemacht hatte. Es fehlte nun einzig noch der schöne Wagen des Portugiesen. Ein herrlicher Wagen, und so gut gepflegt. Die Reifen wie neu. Alles Metallene war so blank, dass man sich darin spiegeln konnte. Die Hupe war herrlich: Sie brüllte heiser wie eine Kuh auf der Weide. Und er fuhr immer einfach so vorbei, der Besitzer dieser ganzen Herrlichkeit, und machte das verschlossenste Gesicht von der Welt. Niemand traute sich, eine Fahrt als Fledermaus an seinem Wagen zu unternehmen. Man sagte ihm nach, er schlage, töte und drohe, sein Opfer zu kastrieren, ehe er es totmache. Kein Junge von der ganzen Schule wagte es oder hatte es bisher jemals gewagt.

Als ich mit Knirps darüber sprach, sagte er:

»Wirklich keiner, Sesé?«

»Nein, keiner. Keiner hat den Mumm dazu.«

Ich merkte, dass Knirps lachte und beinahe erriet, was ich in diesem Augenblick dachte.

»Aber du bist versessen darauf, es zu schaffen, nicht wahr?«

»Ja, das stimmt. Ich glaube, dass …«

»Was glaubst du?«
Nun musste ich lachen.
»Sag schon!«
»Es ist toll, wie neugierig du bist.«
»Du erzählst es mir ja doch; immer endet es damit, dass du es mir erzählst, du hältst es sonst gar nicht aus …«
»Weißt du was, Knirps? Ich gehe um sieben Uhr von zu Hause weg, nicht? Wenn ich an die Ecke komme, ist es fünf nach sieben. Schön, und um zehn nach sieben hält der Portugiese mit seinem Wagen an der Ecke vom ›Hunger und Elend‹ und kauft sich eine Schachtel Zigaretten … Irgendwann in den nächsten Tagen werde ich mir ein Herz fassen, und dann huiii …!«
»Du hast keinen Mut.«
»Ich keinen Mut, Knirps? Na, du wirst sehen!«

Jetzt raste mein Herz im Galopp. Der Wagen stand. Er stieg aus. Knirps' mangelndes Vertrauen, meine Angst, mein Mut, alles floss zusammen. Einerseits wollte ich nicht weiter, andererseits spornte mein bisschen Eitelkeit mich an. Ich ging um die Wirtschaft herum und stellte mich halb verborgen in einen Mauerwinkel. Dort steckte ich die Tennisschuhe in die Tasche.
Mein Herz schlug so laut, dass ich fürchtete, sie könnten es in der Wirtschaft hören. Er kam heraus, ohne mich zu bemerken. Ich hörte, wie die Tür aufging …
»Jetzt oder nie, Knirps!«
Nach einem Sprung hatte ich mich mit den angespannten Kräften, die mir die Angst verlieh, an den Reservereifen geklammert. Ich wusste, wie groß die Entfernung bis zur Schule war. Schon fing ich an, meinen Triumph auszukosten, den ich in den Augen meiner Schulkameraden lesen würde.
»Auuu!«

Ich stieß einen so lauten und schrillen Schrei aus, dass die Leute aus der Wirtschaft stürzten, um zu sehen, wer überfahren worden sei. Ich hing einen halben Meter über dem Boden und schaukelte, schaukelte. Meine Ohren brannten wie Feuer. Etwas in meinem Plan war schiefgegangen. In meiner Aufregung hatte ich vergessen, darauf zu achten, ob der Motor lief. Das finstere Gesicht des Portugiesen schien sich noch mehr zu verdüstern. Seine Augen sprühten Funken.

»Da haben wir dich, du unverschämter Bengel! Du also warst es? So ein kleiner Wicht und schon derart frech ...«

Er ließ mich wieder auf den Boden herunter, gab eins meiner Ohren frei und hob drohend seinen dicken Arm.

»Denkst du etwa, du Schlingel, dass ich nicht längst gemerkt habe, wie du mein Auto belauerst? Ich werde dir einen Denkzettel geben, dass dir die Lust vergeht, so was noch mal zu tun!«

Die Demütigung war schmerzhafter als der eigentliche Schmerz. Ich hatte nur den einen Wunsch: dem groben Kerl einen Hagel von Schimpfwörtern an den Kopf zu werfen. Aber er ließ mich nicht los und schien meine Gedanken zu erraten, denn er drohte mit seiner freien Hand: »Schrei nur! Schimpf nur! Warum sagst du denn nichts?«

Meine Augen füllten sich mit Tränen, des Schmerzes wegen, der Demütigung wegen, der Menschen wegen, die die Szene miterlebten und schadenfroh lachten.

Der Portugiese fuhr fort, mich herauszufordern.

»Nun sag doch bloß, warum schimpfst du denn nicht, du Lausebengel?«

Eine maßlose Empörung quoll in mir auf, und voller Wut brachte ich heraus:

»Ich rede nicht, aber ich denke mir umso mehr. Und wenn ich einmal groß bin, dann bring ich Sie um.«

Er brach in Lachen aus, in das die Umstehenden einstimmten. »Na, dann werd mal groß, du Schlingel. Ich warte hier auf dich. Aber vorher will ich dir noch eine Lehre geben.«

Ehe ich mich's versah, hatte er mein Ohr losgelassen und mich übers Knie gelegt. Er versetzte mir einen, nur einen einzigen Hieb, aber mit solcher Kraft, dass ich das Gefühl hatte, mein Hintern sei an den Bauch geleimt worden. Dann ließ er mich frei.

Halb betäubt ging ich davon, während alle ringsum sich über mich lustig machten. Als ich die andere Seite der Landstraße erreichte, die ich wie blind überquert hatte, war ich so weit, dass ich mit der Hand über den Hintern streichen konnte, um die Wirkung des empfangenen Schlags zu mildern. Dieses Arschloch! Er würde schon noch sehen! Ich schwor, ich würde mich rächen. Ich schwor, dass … aber der Schmerz verringerte sich, je weiter ich mich von diesem elenden Menschen entfernte.

Schlimm wäre es, wenn sie in der Schule davon erführen. Und was sollte ich Knirps sagen? Eine Woche lang würden sie mich auslachen, wenn ich am »Hunger und Elend« vorbeikäme, diese feigen Erwachsenen. Ich würde früher weggehen und die Straße an einer anderen Stelle überqueren müssen.

In diesem Zustand kam ich zum Markt. Ich wusch mir die Füße am Wasserhahn und zog die Tennisschuhe an. Da war Totoca, der mich längst erwartete. Ich nahm mir vor, nichts von meiner Blamage zu erzählen.

»Sesé, du musst mir helfen.«

»Was hast du angestellt?«

»Weißt du, wer Bié ist?«

»Der Dickwanst aus der Rua Baron Capanema?«

»Ja, der. Er will mich am Ausgang abfangen. Kannst du dich nicht für mich mit ihm prügeln?«

»Aber der schlägt mich doch tot.«

»Ach was, und außerdem bist du doch tapfer und hast Mut.«
»Ist gut. Am Ausgang?«
»Ja.«
So war Totoca nun mal, immer fing er Streit an, und mich zog er dann in die Geschichte mit rein. Aber eigentlich war es gut. Ich konnte die ganze Wut, die ich auf den Portugiesen hatte, bei Bié loswerden.
Tatsache ist, dass ich an diesem Tag furchtbare Prügel bezog. Ich ging mit einem blauen Auge und zerschundenen Armen aus dem Kampf hervor. Totoca saß mit den anderen auf dem Boden, seine und meine Bücher auf den Knien, und stachelte mich an. Auch gaben sie mir gute Ratschläge:
»Ramm ihm den Kopf in den Bauch, Sesé! Beiß ihn! Kratz ihn mit den Nägeln, er ist ja nur aus Fett! Tritt ihm in die Eier!«
Aber trotz all dieser Zurufe und der vielen nützlichen Hinweise wäre ich ohne das Eingreifen von Senhor Rozemberg aus der Bäckerei zu Hackfleisch gemacht worden. Er kam hinter seiner Theke vor, riss Bié am Hemdkragen hoch und gab ihm ein paar Stöße.
»Schämst du dich denn gar nicht? Ein so großer Kerl wie du, und schlägst auf ein solches Bürschchen ein!«
Senhor Rozemberg hatte, wie sie zu Hause sagten, eine heimliche Leidenschaft für meine Schwester Lalá. Er kannte uns. Und jedes Mal, wenn einer von uns mit ihr zusammen in seinem Laden war, schenkte er uns Kuchen und Bonbons und verzog den Mund zu einem freundlichen Grinsen, sodass man alle seine Goldzähne blinken sah.

Auf die Dauer war ich nicht imstande, es bei mir zu behalten, und berichtete schließlich Knirps doch von meinem Reinfall. Ich konnte es ja auch wegen meines verquollenen blauen Auges nicht verbergen. Schon weil Papa, als er mich sah, mir noch ein paar Ohrfeigen dazu gab und Totoca einen Rüffel erteilte. Ihn schlug Papa nie. Mich ja, denn ich war ja nun mal immer der Schlechte.

Knirps hatte sicher mitgehört, wie alles gewesen war. Wie hätte ich es ihm also vorenthalten können? Er lauschte und war empört. Erst als ich fertig war, sagte er ärgerlich:

»Was für ein Feigling!«

»Diese Prügelei war eigentlich gar nichts, wenn du gesehen hättest ...«

Und vom einen aufs andere überspringend, erzählte ich alles, was sich beim Fledermausspiel zugetragen hatte. Knirps war überwältigt von meinem Mut und ermunterte mich noch:

»Eines Tages rächst du dich!«

»O ja, ganz sicher. Dann leihe ich mir den Revolver von Tom Mix und den ›Mondstrahl‹ von Fred Thompson und leg mich mit den Komantschen in den Hinterhalt. Und dann erbeute ich seinen Skalp und lass ihn auf der Spitze eines Bambusspeers flattern.«

Aber schon bald verflüchtigte sich mein Zorn, und wir sprachen über andere Dinge.

»*Bébé*, das weißt du noch gar nicht. Erinnerst du dich, dass ich vorige Woche als Preis, weil ich ein so guter Schüler bin, ein Geschichtenbuch bekommen habe, ›Die Zauberrose‹?«

Knirps war sehr glücklich, wenn ich ihn *Bébé* nannte. Denn dann spürte er, dass ich ihn besonders gern mochte. »Ja, ich weiß noch.«

»Aber ich hab dir gar nicht erzählt, dass ich das Buch schon gelesen habe. Es handelt von einem Prinzen. Dem schenkt eine Fee eine rotweiße Rose. Der reitet dann auf einem Pferd, mit einem Zaumzeug ganz aus Gold; so heißt es in dem Buch. Ja, und mit diesem Pferd, das goldene Zügel hat, zieht er auf Abenteuer aus. Wenn irgendeine Gefahr droht, schüttelt er die Zauberrose, und es kommt ein dichter Rauch, damit er fliehen kann. Aber, Knirps, eigentlich finde ich diese Geschichte ziemlich dumm, weißt du? Das sind nicht Abenteuer, wie ich sie einmal haben möchte. Tom Mix und Buck Jones, die erleben richtige Abenteuer. Und Fred Thompson und Richard Talmadge auch. Sie kämpfen wie verrückt, schießen, prügeln sich ... Wenn die bei jeder Gefahr eine Zauberrose herauszögen, das würde doch keinen Spaß machen. Findest du nicht?«

»Das scheint mir auch so.«

»Aber das ist es doch gar nicht, was ich wissen möchte. Ich wüsste gern, ob du wirklich glaubst, dass eine Rose solche Hexerei fertigbringt?«

»Ja, das ist schon eine merkwürdige Geschichte.«

»Diese Leute erzählen eben drauflos und meinen, ein Kind glaubt ihnen alles.«

»Ja, so ist es wohl!«

Wir hörten ein Geräusch und sahen Luís herankommen. Mein kleiner Bruder wurde immer hübscher. Er war kein Waschlappen, und quengelig war er auch nicht. Selbst wenn ich auf ihn aufpassen musste, tat ich es meistens gern.

Ich sagte zu Knirps:

»Lass uns von was anderem sprechen, denn ich will ihm die Geschichte erzählen, und er wird sie wunderschön finden. Man darf Kindern ihre Illusionen nicht zerstören.«

»Sesé, wollen wir spielen?«

»Ich spiele ja gerade. Was möchtest du denn spielen?«

»In den Zoo gehen.«

Ohne allzu große Lust blickte ich zum Hühnerstall mit der schwarzen Henne und den zwei jungen Hühnchen hinüber.

»Es ist sehr spät. Die Löwen sind schon schlafen gegangen und die Tiger aus Bengalen auch. Um diese Zeit ist schon alles geschlossen. Sie verkaufen auch keine Eintrittskarten mehr.«

»Dann lass uns nach Europa reisen!«

Der Schlaumeier schnappte alles auf und sprach richtig nach, was er hörte. Aber auch nach Europa zu reisen, hatte ich wenig Neigung. Was ich wollte, war, bei Knirps bleiben, denn der machte sich nicht über mich lustig und sagte auch nichts über mein geschwollenes Auge. Ich setzte mich neben meinen Bruder und sagte ruhig:

»Warte mal, ich denk mir ein Spiel aus.«

Aber dann, dann kam plötzlich, wie mit der weißen Wolke am Himmel heranschwebend, ein sanfter Wind auf, der das Laub der Bäume bewegte und die Halme im Gestrüpp des Grabens und die Blätter von meinem Bébé. Mein geschundenes Gesicht erhellte sich.

»Hast du das gemacht, Knirps?«

»Ich? Nein!«

»Ach, wie schön! Dann kommt jetzt die Zeit des Windes!«

In unserer Straße gab es für alles eine bestimmte Zeit. Eine Zeit, in der wir Murmeln spielten, eine andere fürs Kreiseldrehen, dann eine, wo wir Bildchen von Filmstars sammelten. Und schließlich die Zeit der Drachen, und das war die allerschönste. Da war der Himmel voll von schönen Drachen in allen Farben und Gestalten. Dann fing der Luftkrieg an, mit Kopfstößen und Kämpfen, mit Wegfangen und mit dem Kappen von Drachenleinen. Rasierklingen schnitten die Schnüre durch, und da kreiselte dann ein Drachen haltlos im Raum und seine Leine verhedderte sich mit dem Schwanz. All das war herrlich. Die Welt gehörte dann nur noch den Kindern auf der Straße. Auf allen Straßen von Bangu. Nachher gab es dann ein großes Durcheinander von Drachenleinen und Schnüren auf den Stromleitungen, und in Störungswagen der Elektrizitätsgesellschaft rasten wütende Männer vorbei, die die toten Drachen herunterrissen, um die Kabel freizumachen. Der Wind … der Wind …

Mit dem Wind kam mir ein Einfall.

»Wollen wir auf die Jagd gehen, Luís?«

»Ich kann doch noch nicht reiten.«

»Bald wirst du größer, und dann kannst du es. Setz dich hierher und guck zu, wie es geht!«

Plötzlich wurde Knirps zum schönsten Pferd von der Welt. Der Wind blies heftiger, und das karge Gestrüpp am Graben verwandelte sich in eine grüne Ebene. Meine Cowboy-Kleidung war mit Gold verbrämt. Auf meiner Brust funkelte der Stern des Sheriffs.

»Los, Pferdchen, los! Lauf! Lauf!«

Hopp, hopp, hopp, schon hatte ich Tom Mix und Fred Thompson erreicht. Buck Jones hatte diesmal keine Lust gehabt mitzukommen, und Richard Talmadge spielte grade in einem anderen Film.

»Vorwärts, mein Pferd, vorwärts! Lauf! Lauf! Da kommen unsere Freunde, die Apachen, und hüllen den ganzen Weg in Staub.«

Hoppe, hoppe, hopp! Die Reiterschar der Apachen machte einen tollen Lärm.

»Lauf, lauf, Pferdchen! Die ganze Ebene ist voll von Bisons und Büffeln. Feuer los, schießt, Leute! Paff, paff! Teck! Teck! Teck! … Fium, fium, fium, die Pfeile schwirren …«

Der Wind, der Galopp, das rasende Tempo, die Staubwolken und dazu Luís' schreiende Stimme:

»Sesé! Sesé!«

Langsam hielt ich das Pferd an und sprang erhitzt von meiner Unternehmung aus dem Sattel.

»Was ist? Hat dich ein Büffel angegriffen?«
»Nein. Lass uns was anderes spielen. Da sind so viele Indianer! Ich hab Angst.«
»Aber diese Indianer sind doch die Apachen! Sie sind alle unsere Freunde.«
»Aber ich hab trotzdem Angst. Es sind so viele Indianer.«

DIE EROBERUNG

Während der ersten Tage ging ich morgens etwas früher los, damit ich nicht Gefahr lief, dem Portugiesen zu begegnen, wenn er gerade mit dem Wagen hielt, um Zigaretten zu kaufen. Außerdem versuchte ich immer am Rand der gegenüberliegenden Straßenseite entlangzuschleichen, gut im Schatten der Hecken, die alle Grundstücke begrenzten und verbanden. Kaum war ich dann an der Landstraße, ging ich hinüber und drückte mich, die Tennisschuhe in der Hand, an der hohen Fabrikmauer vorbei. All diese Vorsichtsmaßnahmen wurden im Laufe der Zeit unnötig. Die Straße hat kein gutes Gedächtnis, und bald erinnerte sich niemand mehr an diesen einen Streich des Jungen von Senhor Paulo. Denn unter diesem Namen kannten sie mich in dem Moment, wo sie über mich schimpften:

»Das war der Sohn von Senhor Paulo ... Das war der verdammte Junge von Senhor Paulo ... Das war wieder der Schlingel von Senhor Paulo ...«

Einmal erfanden sie sogar etwas ganz Schreckliches. Als der Sportklub Bangu gegen »Andarai« verlor, sagten sie scherzhaft:

»Der Bangu hat mehr abgekriegt als der Junge von Senhor Paulo ...«

Gelegentlich erspähte ich den verwünschten Wagen an der Ecke und ging ganz langsam, um den Portugiesen nicht sehen zu müssen; wenn ich mal groß wäre, würde ich den bestimmt umbringen. Ich wollte nicht an diesem widerwärtigen Kerl vorbeigehen

müssen, an dem Besitzer des schönsten Autos von der ganzen Welt und von Bangu.
Dann verschwand er für einige Tage. Was für eine Erleichterung! Sicher war er weit weggefahren oder hatte Ferien. Ich gewöhnte mich wieder daran, unbeschwert zur Schule zu gehen, und zweifelte nach und nach sogar, ob es sich wirklich lohnen würde, diesen Mann später umzubringen.
Eins ließ sich nicht abstreiten: Kein einziges Mal mehr, wenn ich an irgendeinem weniger wichtigen Wagen Fledermaus spielte, war ich mit dem Herzen dabei, und immer begannen meine Ohren bös zu brennen.
Mein tägliches Leben und das der Straße ging seinen gewohnten Gang. Die Drachenzeit war gekommen und nichts wie raus aus dem Haus! Vom blauen Himmel leuchteten bei Tag die schönsten bunten Sterne. In dieser Zeit ließ ich Knirps ein bisschen links liegen oder suchte doch nur dann Zuflucht bei ihm, wenn ich nach einer tüchtigen Tracht Prügel Hausarrest bekam. Da wäre ich sowieso nicht weggelaufen, denn zweimal Hiebe in so kurzem Abstand, das hätte allzu weh getan. Bei solchen Gelegenheiten machte ich mich mit König Luís daran, meinen kleinen Orangenbaum zu verzieren, ihn *herauszuputzen*, ein Ausdruck, den ich besonders schön fand. Knirps hatte sich in der letzten Zeit gewaltig gestreckt. Sehr bald würde er wohl Blüten für mich haben und Früchte. Die anderen Orangenbäume waren dagegen noch weit zurück. Aber Limaorangen sind eben »frühreif«, genau wie es Onkel Edmundo manchmal von mir sagte. Er hatte mir einmal erklärt, was das bedeutet: dass manche Dinge viel früher anfingen als andere. Zum Schluss hatte ich den Eindruck, dass er es nicht recht zu erklären wusste. Was er meinte, war einfach: alles, was vorneweg kommt …

Ich nahm Bindfadenenden und Garnreste, durchlöcherte eine Menge Kronenkorken und hängte sie als Schmuck an Knirps. Wie hübsch er da wurde! Wenn der Wind blies, stießen sie aneinander. Es sah aus, als hätte er die silbernen Sporen von Fred Thompson, wenn er auf seinem Pferd »Mondstrahl« ritt …

Auch die Schule machte mir viel Spaß. Ich konnte schon alle Vaterlandslieder auswendig. Das große, die eigentliche Nationalhymne, aber auch das von der Fahne und das von der Freiheit. »*Freiheit, öffne deine Schwingen über uns.*« Für mich, und ich glaube, für Tom Mix ebenso, war das das allerschönste. Wenn wir zusammen ausritten, ohne im Krieg zu sein, oder auf der Jagd, bat er mich ergebenst:

»Auf, du Held der Pinagé, sing das Lied an die Freiheit!«

Meine ziemlich schwache Stimme erfüllte die unermessliche Prärie und klang noch schöner, als wenn ich mit Senhor Ariovaldo sang, für den ich an den Dienstagen als Hilfssänger arbeitete. Nach wie vor schwänzte ich dienstags die Schule, um den Zug abzuwarten, der meinen großen Freund Ariovaldo mitbrachte. Er kam die Treppe herunter und zeigte mir schon von Weitem die Hefte für den Straßenverkauf, die er in der Hand trug. Noch zwei Taschen hatte er voll damit, falls wir mehr brauchten. Beinahe jedes Mal verkaufte er alles, und dann waren wir beide immer sehr vergnügt. Wenn Zeit dafür war, spielten wir in den Ruhepausen mit Murmeln.

Ich war ein sogenannter Hamster. Ich konnte sehr gut zielen, und fast nie kehrte ich, mein Säckchen schlenkernd, nach Hause zurück, ohne meinen Besitz vermehrt, oft sogar verdreifacht zu haben.

Rührend war meine Lehrerin, Dona Cecilia Paim. Wenn man ihr auch immer wieder erzählte, ich sei der übelste Bengel aus meiner Straße – sie glaubte es nicht. Sie glaubte auch nicht, dass keiner so viele Schimpfwörter wisse wie ich. Dass kein Straßenjunge es mit mir aufnehmen könne – sie glaubte es einfach nicht. In der Schule war ich ein Engel. Nie hatte ich einen Tadel bekommen, und die Lehrerinnen mochten mich schon deshalb gern, weil ich so ungewöhnlich klein war. Dona Cecilia Paim hatte von unserer Armut gehört, und wenn die Frühstückspause kam und sie alle Kinder essen sah, tat ich ihr leid, und sie rief mich beiseite und schickte mich los, mir einen Krapfen zu kaufen. Sie war so nett zu mir, ich glaube, ich war nur deshalb so brav, weil ich sie nicht enttäuschen mochte.

Plötzlich geschah es dann. Ich schlenderte langsam, wie immer, die Landstraße entlang, als der große Wagen des Portugiesen gemächlich an mir vorbeifuhr. Die Hupe ertönte dreimal, und der gemeine Kerl lachte mich freundlich an. Da wurde meine Wut wieder wach und auch der Wunsch, ihn später einmal umzubringen. Ich setzte ein hochmütiges Gesicht auf und tat, als nähme ich keine Notiz von ihm.

»Es ist so, wie ich dir gesagt habe, Knirps. Jeden Tag das Gleiche. Es ist, als ob er drauf wartet, dass ich vorbeikomme, und dann hupt er. Hupt dreimal. Gestern hat er mir sogar zugewinkt.«

»Und du?«

»Ich tu, als ob ich nichts merke. Als ob ich nichts sehe. Da kriegt er sicher allmählich Angst, immerhin bin ich bald sechs. Es dauert nicht mehr lange, dann bin ich ein Mann.«

»Glaubst du, er möchte dein Freund werden, weil er Angst vor dir hat?«

»Ganz bestimmt. Wart mal, ich will eben die kleine Kiste holen.«

Knirps war mächtig gewachsen. Um in den Sattel zu klettern, musste ich eine Kiste drunterstellen.

»So, jetzt können wir uns besser unterhalten.«
Von meinem hohen Sitz aus fühlte ich mich aller Welt überlegen. Mein Blick schweifte durch die Gegend, über das Gestrüpp am Graben, über die Vögel, die sich hier ihr Futter suchten. Gegen Abend, noch vor Einbruch der vollen Dunkelheit, würde ein anderer Luciana kommen und lustig meinen Kopf umkreisen wie ein Flugzeug. Anfangs wunderte sich sogar Knirps, dass ich keine Angst vor der Fledermaus hatte, denn die meisten Kinder gruseln sich davor. Übrigens war Luciano seit Tagen nicht mehr erschienen. Sicher hatte er neue Flugplätze an anderen Stellen entdeckt.
»Hast du gesehen, Knirps? Die Guajavenbäume der schwarzen Eugenia werden gelb. Die Guajaven sind bestimmt schon überreif. Schlimm wird's nur, wenn sie mich erwischt, Knirps! Heute hab ich schon dreimal Haue gekriegt. Ich bin bloß hier, weil ich Hausarrest habe ...«
Aber der Teufel half mir von meinem Sitz herunter und zog mich bis zur Hecke. Der Abendwind trieb – oder war es Einbildung? – den Duft der Guajaven geradewegs in meine Nase. Du guckst von hier aus rüber, nimmst den kleinen Zweig dort weg, horchst und stellst fest, dass kein Geräusch zu hören ist ... Und der Teufel flüstert: Geh doch, du Dummkopf! Siehst du denn nicht, dass keiner da ist? Um diese Zeit ist sie immer im Gemüseladen bei der Japanerin. Senhor Benedito? Ach was! Er ist fast blind und kann kaum noch hören. Der merkt nichts. Und wenn er's doch tut, ist immer noch Zeit, wegzulaufen ...
Ich folgte der Hecke bis zum Graben; mein Entschluss stand fest. Vorher gab ich Knirps ein Zeichen, er möge ja keinen Krach machen. Mein Herz klopfte schon jetzt gehörig. Mit der schwarzen Eugenia war nicht zu spaßen. Und was die für ein Mundwerk hatte! Vorsichtig setzte ich Fuß vor Fuß, fast ohne zu atmen, als

ihre Stimme plötzlich durchdringend aus dem Küchenfenster ertönte:

»Was willst du denn hier, Junge?«

Ich kam nicht darauf zu lügen, dass ich nur da sei, um einen Ball zu holen. Ich rannte davon und sprang mit einem Satz in den Graben. Da drin erwartete mich jedoch ein anderes Unheil. Ich spürte einen so furchtbaren Schmerz, dass ich beinahe laut aufgeschrien hätte. Aber das durfte ich keinesfalls, wenn ich nicht doppelte Prügel riskieren wollte: einmal, weil ich weggelaufen war, und dann, weil ich bei den Nachbarn Guajaven hatte klauen wollen und obendrein noch mit dem linken Fuß in eine Scherbe getreten war.

Wie betäubt von Schmerz mühte ich mich, das Stück Flasche aus meiner Fußsohle zu ziehen. Ich stöhnte leise und sah, wie sich das Blut mit dem Schmutzwasser des Grabens vermischte. Und jetzt? Zwar gelang es mir mit Tränen in den Augen, das Glas zu entfernen, aber ich wusste nicht, wie ich das Blut stillen sollte. Mit aller Kraft presste ich den Knöchel dagegen, um den Schmerz zu verringern. Ich musste es durchstehen. Es war nahezu dunkel, und das bedeutete, dass Papa, Mama und Lalá bald kommen würden. Von jedem von ihnen hatte ich Schläge zu erwarten. Es konnte sogar sein, dass sie mich getrennt vornehmen und mir also dreimal Prügel geben würden. Unentschlossen kroch ich die Böschung hinauf, hüpfte auf einem Fuß bis zu meinem Orangenbaum und setzte mich dort hin. Es tat noch immer sehr weh, aber der Brechreiz ließ nach.

»Sieh dir das an, Knirps!«

Er war entsetzt. Es ging ihm genau wie mir: Er konnte kein Blut sehen.

»Was soll ich bloß tun, mein Gott?«

Totoca würde mir bestimmt helfen. Aber wo sollte ich ihn finden? Und Gloria? Gloria musste in der Küche sein. Sie war die

Einzige, die es nicht mochte, dass ich so viel Hiebe bekam. Vielleicht würde sie mich an den Ohren ziehen oder mir wieder Hausarrest erteilen. Aber ich musste es probieren.
Ich schleppte mich bis zur Küchentür und überlegte mir ein Mittel, Gloria zu besänftigen. Sie stickte gerade an einer Decke. Ich war etwas unbeholfen, aber diesmal stand mir der Himmel bei. Sie guckte mich an und sah, dass ich den Kopf hängen ließ. Sie beschloss, nichts darüber zu sagen, weil ich doch Hausarrest hatte. Die Tränen liefen mir herunter, und ich schluckte. Ich spürte, dass ihr Blick auf mir ruhte. Sie hatte aufgehört zu sticken.
»Was ist los, Sesé?«
»Nichts, Gloria … Warum mag mich niemand leiden?«
»Weil du so viel anstellst.«
»Heut hab ich schon dreimal Prügel gekriegt.«
»Und hast du sie nicht verdient?«
»Darum geht es nicht. Weil sie mich alle nicht mögen, hauen sie mich wegen jeder Kleinigkeit.«
Glorias fünfzehnjähriges Herz wurde weich. Und ich spürte das.
»Ich glaube, es ist das Beste, wenn ich morgen auf der Landstraße überfahren und ganz totgequetscht werde.«
Jetzt schossen mir die Tränen aus den Augen.
»Red keinen Unsinn, Sesé! Ich hab dich sehr lieb.«
»Das ist nicht wahr. Wenn du mich lieb hast, dann tust du was, damit ich heute nicht noch mal Haue kriege.«
»Es ist schon beinahe dunkel. Du hast gar keine Zeit, noch irgendwas anzustellen.«
»Aber ich hab doch schon …«
Sie legte die Stickerei hin und kam zu mir. Fast hätte sie einen Schrei ausgestoßen, als sie die Blutlache entdeckte, in der mein Fuß stand.

»Mein Gott! Gum! Was hast du da gemacht?«
Ich hatte das Spiel gewonnen. Wenn sie mich Gum nannte, dann war ich gerettet.
Sie hob mich hoch und setzte mich auf den Stuhl. Schnell holte sie eine Schüssel voll Wasser mit Salz und kniete sich vor mir auf den Boden.
»Es wird sehr weh tun, Sesé.«
»Es tut schon jetzt sehr weh.«
»Mein Gott, der Schnitt klafft ja fast drei Finger breit! Wie hast du das bloß angestellt, Sesé?«
»Das darfst du aber niemand erzählen! Bitte, Gloria! Ich versprech dir, dass ich artig bin. Lass sie mich nicht so schlagen!«
»Ist schon gut, ich erzähl's nicht. Aber wie wollen wir das denn bloß machen? Alle werden deinen verbundenen Fuß sehen. Und morgen kannst du nicht zur Schule. Dann kriegen sie es doch heraus.«
»Natürlich geh ich zur Schule. Ich zieh bis zur Ecke die Schuhe an. Dann geht's schon leichter.«
»Du musst dich jetzt hinlegen und den Fuß gut ausstrecken, sonst kannst du morgen bestimmt nicht auftreten.«
Sie half mir, als ich zum Bett humpelte.
»Ich werde dir etwas zu essen bringen, ehe die andern kommen.«
Als sie mit dem Teller kam, konnte ich mich nicht halten und gab ihr einen Kuss. Das kam bei mir nicht oft vor.

Als alle zum Abendessen versammelt waren, stellte Mama fest, dass ich fehlte.
»Wo ist Sesé?«
»Er hat sich schon hingelegt. Seit heut früh klagt er über Kopfweh.«

Ich lauschte entzückt und vergaß sogar das Brennen meiner Wunde. Ich fand es herrlich, Gegenstand der Unterhaltung zu sein. Jetzt beschloss Gloria offenbar, meine Verteidigung zu übernehmen, in ihrer Stimme lagen gleichzeitig Beschwerde und Anklage.

»Mir scheint, alle Welt verprügelt ihn nur immerzu. Er war heut völlig zerschlagen. Dreimal Hiebe ist zu viel.«

»Aber er ist ein Teufelsbraten, er gibt erst Ruhe, wenn er Schläge bekommen hat!«

»Willst du behaupten, dass du ihn nie haust?«

»Eigentlich nie. Wenn es hochkommt, zieh ich ihn mal an den Ohren.«

Sie waren still, und Gloria sagte noch:

»Schließlich ist er noch nicht mal sechs! Zugegeben, er ist ein Lausejunge, aber er ist doch auch noch ein kleines Kind!«

Wie glücklich ich über diese Unterhaltung war!

Gloria war recht besorgt, als sie mich fertigmachte und mir in die Tennisschuhe half.

»Kannst du denn laufen?«

»Ich halt es schon aus.«

»Und du wirst keine Dummheiten machen auf der Landstraße?«

»Ganz bestimmt nicht.«

»Dann war das nicht wahr, was du gesagt hast?«

»Nein. Ich war nur so traurig, weil ich gedacht habe, dass wirklich kein Mensch mich lieb hat.«

Sie strich mit der Hand über meine blonden Strähnen und schickte mich los.

Ich hatte gedacht, schlimm würde nur das Stück bis zur Landstraße sein, und wenn ich dann die Schuhe auszöge, ginge es leichter. Aber als ich den Fuß unmittelbar auf den Boden setzte, musste

ich mich an der Mauer stützen, und so kam ich nur sehr langsam voran. Auf diese Weise war kein Ende des Weges abzusehen.
Und da geschah es. Dreimal ertönte die Hupe. Der Hund! Genügte es nicht, dass ich fast verging vor Schmerzen, musste er auch noch kommen und mich verhöhnen?
Der Wagen hielt ganz dicht bei mir. Er lehnte sich aus dem Fenster und fragte:
»Nanu, kleiner Mann, hast du dir den Fuß verletzt? Wie ist denn das passiert?«
Am liebsten hätte ich gesagt, das gehe ihn einen Dreck an. Aber da er mich nicht mit Lausejunge angeredet hatte, gab ich keine Antwort und humpelte etwa fünf Meter weiter. Er setzte den Wagen wieder in Bewegung, fuhr an mir vorbei und ein bisschen von der Straße herunter ganz dicht an die Mauer heran, sodass er mir den Durchgang abschnitt.
Er hielt, öffnete die Tür und stieg aus. Seine massige Gestalt versperrte mir den Weg.
»Tut es sehr weh, kleiner Mann?«
Es war doch nicht möglich, dass jemand, der mich so gehauen hatte, mich nun derart nett und freundlich ansprach! Er kam noch näher heran und tat etwas ganz Unerwartetes; er ging mit seinem dicken Körper in die Hocke und guckte mir ins Gesicht. Dabei lächelte er so freundlich, dass es mir wohltat.
»Mir scheint, du hast dich schlimm verletzt, nicht? Was war es denn?«
Ich schluckte ein wenig, ehe ich antworten konnte:
»Eine Glasscherbe.«
»Ist es tief?«
Ich zeigte ihm die Größe des Schnittes mit den Fingern.
»Das ist aber schlimm. Warum bist du nicht zu Hause geblieben? Du bist doch auf dem Weg zur Schule, oder?«

»Zu Hause wissen sie nicht, dass ich mich verletzt hab. Wenn sie es entdecken, hauen sie mich auch noch, damit ich lerne, mich nicht zu verletzen.«
»Komm, ich bring dich hin.«
»Nein, danke.«
»Aber warum denn nicht?«
»Alle in der Schule wissen das von neulich ...«
»Aber du kannst doch so nicht weiterlaufen ...«
Ich senkte den Kopf, denn er hatte ja recht, und ich fühlte, dass nur wenig fehlte und mein bisschen Stolz würde völlig in sich zusammenfallen.
Er fasste mich unterm Kinn und hob langsam meinen Kopf.
»Ich meine, wir sollten gewisse Dinge vergessen. Bist du schon mal Auto gefahren?«
»Nein, nie.«
»Dann bring ich dich hin.«
»Ich kann nicht. Wir sind doch Feinde.«
»Na wenn schon, mir macht das nichts aus. Wenn du dich genierst, dann lass ich dich ein Stückchen vor der Schule aussteigen. Einverstanden?«
Ich war so erregt, dass ich nicht einmal antwortete. Ich nickte nur. Er hob mich hoch, machte die Tür auf und setzte mich vorsichtig hin. Dann ging er außen herum und nahm seinen Platz am Steuer ein. Bevor er den Motor anließ, blickte er mich wieder freundlich an.
»So ist es besser, das sieht man.«
Es war ein wunderbares Erlebnis, in diesem gefederten Wagen zu fahren, der manchmal leicht schaukelte, und ich schloss die Augen und träumte vor mich hin. Das war viel schöner und angenehmer als Fred Thompsons »Mondstrahl«. Aber es dauerte nicht lange, denn als ich die Augen aufmachte, waren wir

schon fast bei der Schule. Ich sah eine Menge Schüler durch den Haupteingang hineinströmen. Erschrocken rutschte ich von meinem Sitz und versteckte mich.
Aufgeregt sagte ich:
»Sie haben mir doch versprochen, Sie würden anhalten, ehe wir zur Schule kommen.«
»Ich habe es mir anders überlegt. Mit deinem Fuß geht das so nicht. Du könntest ja Wundstarrkrampf kriegen.«
Ich konnte nicht einmal fragen, was dieses hübsche schwierige Wort bedeutete. Ich wusste auch, dass es keinen Zweck hatte zu sagen, ich wollte nicht weiterfahren. Der Wagen bog in die Seitenstraße ein, und ich setzte mich wieder auf meinen Platz.
»Du scheinst mir ein mutiger kleiner Kerl zu sein. Gleich kannst du das unter Beweis stellen.«
Er hielt vor der Apotheke, und von da an trug er mich auf dem Arm. Als Doktor Raimundo Paz uns drannahm, war ich sehr erschrocken. Er war der Werkarzt der Fabrik und kannte Papa sehr gut. Und mein Schreck wuchs noch, als er mich fest ansah und mich gerade ins Gesicht fragte:
»Du bist doch ein Sohn von Paulo Vasconcelos, nicht wahr? Hat er schon wieder eine Stellung?«
Ich musste antworten, obwohl ich mich schämte, weil der Portugiese nun erfuhr, dass Papa arbeitslos war.
»Er wartet noch auf eine. Sie haben ihm viel versprochen.«
»Nun, wir wollen mal sehen!«
Er rollte den Verband ab, der auf der Schnittwunde klebte, und stieß ein eindrucksvolles »Oho« aus. Mein Mund verzog sich zum Weinen, aber der Portugiese trat hinter mich und stand mir bei. Sie setzten mich auf einen Tisch voll weißer Tücher. Da war auch ein Haufen metallener Instrumente. Und ich zitterte. Aber dann zitterte ich nicht mehr, weil der Portugiese meinen Rücken

gegen seine Brust stützte und mich kräftig, aber zugleich auch liebevoll an den Schultern festhielt.

»Es wird nicht sehr weh tun. Und wenn es überstanden ist, nehme ich dich mit, dann bekommst du Obstsaft und Kuchen, und ich kauf dir Bonbons mit Bildern von Filmschauspielern.«

Da nahm ich allen Mut zusammen. Die Tränen strömten, aber ich ließ alles mit mir geschehen. Die Wunde wurde genäht, und ich bekam eine Tetanusspritze. Ich überwand auch den Brechreiz. Der Portugiese drückte mich fest an sich, als wollte er, dass der Schmerz ein bisschen auch auf ihn überginge. Mit seinem Taschentuch trocknete er mir den Schweiß vom Haar und vom Gesicht. Es schien nie enden zu wollen. Aber schließlich war es dann doch vorbei.

Als er mich zum Wagen trug, war er zufrieden. Er hielt Wort und tat alles, was er versprochen hatte. Aber ich mochte nichts. Es war, als hätten sie meine Lebenslust mit aus dem Fuß herausgeholt ...

»In die Schule kannst du jetzt nicht gehen, mein Kleiner.«

Wir saßen im Wagen, und ich war so dicht an ihn herangerückt, dass ich seinen Arm berührte und ihn fast ein bisschen beim Lenken störte.

»Ich werde dich bis nahe an euer Haus fahren. Denk dir irgendwas aus. Du kannst sagen, dass du dich in der Pause verletzt hast und dass deine Lehrerin dich in die Apotheke geschickt hat ...«

Dankbar blickte ich ihn an.

»Du bist ein tapferer kleiner Kerl!«

Trotz allem, was ich ausgestanden hatte, war ich froh. Denn ich hatte tief auf dem Grund meiner Schmerzen etwas Wichtiges entdeckt: Auf der ganzen Welt gab es niemanden, den ich lieber mochte als den Portugiesen.

HIN-UND-HER-GEREDE

»Weißt du, Knirps, ich hab schon alles raus. Alles. Er wohnt am Ende der Rua Baron Capanema. Ganz am Ende. Den Wagen hat er neben dem Haus geparkt. Er hat auch zwei Käfige, einen mit einem Kanarien-, den anderen mit einem Blauvogel. Ich bin ganz früh hingegangen und hab getan, als ob es Zufall wäre. Ich hatte meinen Schuhputzkasten mit, und es hat mir so viel Spaß gemacht, hinzugehen, dass ich diesmal gar nicht merkte, wie schwer der Kasten ist. Ach, und dann hab ich mir das Haus angeguckt, und ich finde, es ist viel zu groß für einen Menschen allein. Ihn selbst entdeckte ich ganz hinten, wo das Waschbecken steht. Er rasierte sich.

Ich klatschte in die Hände, um seine Aufmerksamkeit zu erregen. ›Darf ich Ihnen die Schuhe putzen?‹

Er kam mit dem eingeseiften Gesicht nach vorn. Eine Seite des Gesichts war schon glatt. Er lachte und sagte:

›Ach, du bist das? Komm rein, kleiner Mann!‹

Ich folgte ihm.

›Warte, ich bin gleich fertig.‹

Und dann machte er mit dem Rasiermesser im Gesicht ritsche, ratsche, ritsche. Ich dachte, wenn ich mal groß bin, will ich auch einen Bart haben, auf dem man das so schön machen kann …

Ich setzte mich auf meinen Kasten und wartete. Er guckte mich durch den Spiegel an.

›Hast du keine Schule?‹

›Heute ist doch Nationalfeiertag. Da gehe ich Schuheputzen, um ein bisschen Geld zu verdienen.‹

›Aha.‹ Er machte weiter. Dann beugte er sich über das Becken und wusch sich das Gesicht. Er trocknete es ab, und da war es ganz rot und glänzte. Dann lachte er wieder:

›Willst du mit mir Kaffee trinken?‹

Und ob ich wollte! Aber ich sagte nein.

›Komm rein!‹

Wenn du doch nur sehen könntest, wie sauber und aufgeräumt alles da drin ist. Auf dem Tisch lag ein rot kariertes Tischtuch. Und dann stand da eine richtige Tasse. Kein solcher Blechbecher wie bei uns zu Haus. Er erzählte mir, dass jeden Tag eine alte Schwarze kommt, um das Haus in Ordnung zu bringen, wenn er zur Arbeit gefahren ist.

›Wenn du magst, kannst du das Brot in den Kaffee tunken wie ich. Aber schmatz nicht! Das ist sehr hässlich.‹«

Mein Blick fiel auf Knirps. Er war stumm wie ein Fisch.

»Was ist?«

»Nichts. Ich hör dir zu.«

»Schau, Knirps, ich mag nicht streiten. Aber wenn dir etwas nicht passt, dann sagst du es besser gleich.«

»Es ist bloß, weil du jetzt immer Portugiese spielst, und ich kann da doch nicht mitspielen.«

Ich wurde nachdenklich. Es stimmte. Ich hatte überhaupt nicht daran gedacht, dass er da nicht mitspielen konnte.

»Übermorgen wollen wir uns wieder mit Buck Jones treffen. Ich hab ihm durch Häuptling ›Sitzender Stier‹ Bescheid geschickt. Buck Jones ist auf der Jagd ganz weit weg in der Prärie ... Im Film neulich haben sie ›Prairie‹ geschrieben, mit einem *ai* in der Mitte. Ich weiß nicht, was richtig ist. Wenn ich mal wieder zu Großmama gehe, frage ich Onkel Edmundo.«

Erneutes Schweigen.
»Wo waren wir doch noch?«
»Beim Kaffee-ins-Brot-Tunken.«
»Den Kaffee ins Brot tunken? Nein, du Dummer, umgekehrt.
Na ja, und dann waren wir eine Weile still, und er beobachtete mich sehr genau.
›So viel hast du getan, um schließlich herauszufinden, wo ich wohne!‹
Mir war ein bisschen unbehaglich zumute, und ich beschloss, die Wahrheit zu sagen.
›Sind Sie mir böse, wenn ich Ihnen was erzähle?‹
›Nein. Unter Freunden darf es keine Heimlichkeiten geben.‹
›Ich bin gar nicht zum Schuheputzen hierhergekommen.‹
›Das hab ich mir schon gedacht.‹
›Aber ich wollte doch so gern … Hier in dieser Gegend lässt sich niemand die Schuhe putzen. Da ist zu viel Staub. Das tun nur die, die näher an der Landstraße wohnen.‹
›Aber du hättest doch kommen können, ohne dies ganze Gewicht zu tragen, oder nicht?‹
›Dann hätten sie mich nicht fortgelassen. Ich darf nur weg, wenn ich in der Nähe bleibe; muss mich immer mal zwischendurch zu Hause melden, verstehen Sie? Wenn ich weiter weg möchte, dann muss ich tun, als wollte ich arbeiten.‹
Er lachte über meine List.
›Wenn ich arbeiten gehe, dann wissen sie zu Haus, dass ich keinen Unfug mache. Das ist auch besser, denn dann kriege ich nicht so viel Haue.‹
›Ich glaube gar nicht, dass du so ungezogen bist wie du sagst.‹
Da wurde ich sehr ernst.
›Ich tauge überhaupt nichts. Ich bin ganz schlecht. Deshalb kommt zu Weihnachten für mich der Teufel auf die Welt, und

ich bekomme nichts geschenkt. Ich bin ein Ekel. Ein Biest. Ein Hund. Ein ganz abscheuliches Mistvieh. Eine meiner Schwestern hat mir mal gesagt, so was Widerwärtiges wie ich hätte gar nicht geboren werden dürfen …‹

Befremdet kratzte er sich am Kopf.

›Allein diese Woche, was hab ich da schon für Prügel gekriegt! Ein paar Mal hat es sogar verdammt wehgetan. Sie hauen mich aber auch wegen Sachen, die gar nicht ich getan hab. Ich bin immer an allem schuld. Sie haben sich einfach dran gewöhnt, mich zu schlagen …‹

›Was stellst du denn bloß so Schlimmes an?‹

›Es muss schon der Teufel selbst sein. Da juckt es mich, etwas zu tun, und … dann tu ich's. Diese Woche hab ich den Zaun der schwarzen Eugenia angezündet. Ich habe Dona Cordelia ‚dicke, faule Gans' nachgerufen, und da ist sie auf mich losgegangen wie eine Wilde. Ich hab einen Stoffball geschossen, und das blöde Ding ist durch ein Fenster geflogen und hat den großen Spiegel von Dona Narcisa zerschlagen. Dann hab ich mit der Schleuder drei Glühbirnen kaputt geschossen und dem Sohn von Senhor Abel einen Stein an den Kopf geschmissen …‹

›Das reicht! Das reicht!‹

Er deckte die Hand über den Mund, weil ich nicht merken sollte, wie er lachte.

›Aber ich bin noch nicht fertig: Ich hab alle Stecklinge aus der Erde gezogen, die Dona Tentena grade eingepflanzt hatte. Und dann hab ich gemacht, dass die Katze von Dona Rosena eine Murmel verschluckt hat.‹

›Nein. Das geht doch zu weit. Ich kann es nicht leiden, wenn man Tiere quält.‹

›Aber es war doch keine von den großen. Es war eine ganz, ganz kleine. Das Tier hat ein Abführmittel gekriegt, und da ist sie rausgekommen. Statt meiner Murmel haben sie mir dann eine ganz furchtbare Tracht Prügel gegeben. Schlimmer noch war, als ich schon schlief, da hat Papa die Holzpantine genommen und mich durchgehauen. Ich wusste nicht mal, warum.‹

›Und weißt du es jetzt?‹

›Wir sind im Kino gewesen, eine ganze Horde Kinder. Es war am Montag, weil es da billiger ist. Da plötzlich musste ich mal, Sie verstehen schon …? Also stellte ich mich in eine Ecke und machte es. Und da floss es dann runter. Es wäre doch zu dumm gewesen, rauszugehen und dadurch ein Stück vom Film zu verpassen. Aber Sie wissen, wie Jungs sind. Es braucht nur einer was zu machen, dann müssen die anderen auch gleich. Alle stellten sie sich in die Ecke, und es wurde ein richtiger Strom. Da haben sie es dann gemerkt, und natürlich hieß es sofort: Das war der Sohn von Senhor Paulo! Da haben sie mir für ein ganzes Jahr den Eintritt ins Kino Bangu verboten, bis ich vernünftig werde. Abends hat der Besitzer es Papa erzählt, und der fand es gar nicht komisch … das kann ich Ihnen sagen.‹«

Knirps meckerte immer noch weiter.

»Du musst nicht so sein, Knirps! Er ist doch mein bester Freund. Aber du, du bist der König von allen Bäumen, genauso, wie Luís der König von uns Geschwistern ist. Weißt du, man muss ein sehr großes Herz haben, damit alles reinpasst, was man gern hat.«

Er blieb still.

»Ich will dir was sagen, Knirps: Ich geh jetzt Murmeln spielen. Du bist mir etwas zu langweilig heute.«

Zu Anfang blieb es nur deshalb ein Geheimnis, weil ich mich schämte, im Auto jenes Mannes gesehen zu werden, der mich verhauen hatte. Später hielten wir es weiter so, weil es einfach schön ist, ein Geheimnis zu haben. Und was das angeht, erfüllte der Portugiese alle meine Wünsche. Wir hatten uns ganz fest geschworen, niemals sollte jemand von unserer Freundschaft erfahren. Übrigens auch schon deshalb, weil er keine Lust hatte, auch andere Kinder in seinem Wagen mitzunehmen. Darum duckte ich mich, sobald Bekannte vorbeikamen, selbst wenn es Totoca war. Dann aber auch, weil uns niemand bei den vielen Gesprächen, die wir miteinander führten, stören sollte.

»Haben Sie meine Mutter noch nie gesehen? Sie ist Pinagé, stammt wirklich von Indios ab. Wir alle zu Hause sind Halbpinagé.«

»Und wieso bist du dann so hell ausgefallen? Und hast auch noch so blondes Haar, beinahe weiß?«

»Das kommt von der portugiesischen Seite. Mama ist ziemlich dunkel und hat ganz glattes Haar. Bloß Gloria und ich sind so aus der Art geschlagen. Sie arbeitet in der englischen Weberei, um mitzuhelfen, dass wir die Miete bezahlen können. Neulich hat sie eine Kiste Spulen hochgehoben, und da bekam sie schreckliche Schmerzen. Sie musste zum Arzt gehen. Und der Arzt hat ihr einen Gürtel gegeben, denn es ist ein Bruch. Wissen Sie, Mama ist gar nicht böse zu mir. Wenn sie mich haut, dann tut sie es mit einem Stock aus dem Garten und trifft mich nur auf die Beine. Sie ist immer müde. Wenn sie abends nach Hause kommt, mag sie nicht einmal mehr reden.«

Und der Wagen fuhr, und ich schwatzte.

»Meine älteste Schwester, die ist schrecklich. Die hat immer nur ihre Verehrer im Kopf. Wenn Mama sagte, sie sollte auf uns aufpassen und mit uns spazieren gehen, dann wollte sie nie, dass wir die Straße raufgingen; sie wusste nämlich, da wartete oben an der Ecke ein Freund auf sie. Also gingen wir die Straße runter, aber da stand auch schon ein Freund und wartete auf sie. Bleistifte haben wir nie genug zu Haus, denn sie schreibt dauernd Liebesbriefe ...«

»Da sind wir ...«

Wir waren nahe beim Markt, und er hielt am verabredeten Ort.

»Bis morgen, kleiner Mann!«

Er wusste, ich brachte es immer irgendwie fertig, schnell einen Sprung zum Taxistand zu machen, einen Saft zu trinken und mir Bildchen schenken zu lassen. Ich kannte auch die Zeit, in der er nicht so viel zu tun hatte.

Und das alles dauerte nun schon länger als einen Monat.

Viel länger. Ich hätte nie gedacht, er könnte ein trauriges Erwachsenengesicht machen, aber als ich ihm von unserem Weihnachtsfest erzählte, hatte er sogar Tränen in den Augen. Er strich mir über das Haar und sagte, ich würde jetzt immer ein Geschenk zu Weihnachten bekommen.

Die Tage gingen ruhig und sehr glücklich dahin. Sogar zu Hause begannen sie etwas von meiner Verwandlung zu merken. Ich machte nicht mehr so viel Unfug und zog mich meist still in meine Welt hinten im Garten zurück. Wohl kam es gelegentlich noch vor, dass der Teufel mich meine guten Vorsätze vergessen ließ. Aber ich gebrauchte doch längst nicht mehr so viele Schimpfwörter wie früher und ließ auch die Nachbarschaft in Frieden.

Wann immer er konnte, dachte sich der Portugiese Spazierfahrten aus: Einmal hielt er auf einer solchen Fahrt den Wagen an und sagte lächelnd zu mir:

»Magst du es denn, wenn wir beide so in *unserem* Wagen ausfahren?«

»Ist er denn auch meiner?«

»Alles, was mir gehört, gehört auch dir. Wie es bei zwei richtigen Freunden ist.«

Ich konnte es kaum fassen, was er da gesagt hatte. Ach, wenn ich doch aller Welt erzählen könnte, dass ich jetzt halber Besitzer des schönsten Autos war, das es gab!

»Das heißt also, wir sind ganz und gar Freunde, oder, Sesé?«

»Ja.«

»Darf ich dich dann etwas fragen?«

»Ja, sicher.«

»Ich denke mir, jetzt willst du doch wohl nicht mehr so schnell groß werden, damit du mich umbringen kannst?«

»Nein! Das tu ich in meinem ganzen Leben nicht!«

»Aber du hast es doch gesagt, nicht wahr?«

»Ja. Aber das war in der Wut. Ich werde niemals jemanden umbringen; ich kann es nicht mal mit ansehen, wenn sie zu Haus ein Huhn schlachten. Außerdem hab ich entdeckt, dass Sie gar nicht so sind, wie ich gehört habe. Kein *Anthropophage* und so.«

Er wäre beinahe hochgesprungen.

»Was hast du da gesagt?«

»Anthropophage.«

»Und weißt du, was das ist?«

»Ja, Onkel Edmundo hat es mir beigebracht. Er ist ein Gelehrter. In der Stadt ist ein Mann, der hat ihn aufgefordert, ein Wörterbuch zu machen. Das Einzige, was er mir bis heute nicht erklären konnte, ist, was *Karborundum* bedeutet.«

»Du kommst von der Sache ab. Ich möchte, dass du mir genau erklärst, was ein Anthropophage ist.«

»Anthropophagen waren Eingeborene, die Menschenfleisch aßen. In der ›*Geschichte Brasiliens*‹ sind sie abgebildet, wie sie gerade Portugiesen die Haut abziehen, um sie zu fressen. Sie fraßen auch Krieger von feindlichen Stämmen. Sie sind dasselbe wie Kannibalen. Bloß dass die Kannibalen in Afrika wohnen und besonders gern bärtige Missionare fressen.«

Er lachte schallend und auf eine Art, wie es kein Brasilianer tut.
»Du hast ein Köpfchen, kleiner Mann! Manchmal ist es beinahe zum Erschrecken!«
Dann betrachtete er mich ernsthaft:
»Sag einmal, kleiner Mann, wie alt bist du?«
»Gelogen oder wirklich wahr?«
»Natürlich wahr. Ich will doch keinen Freund haben, der lügt!«
»Es ist so: In Wahrheit bin ich fünf Jahre alt. Gelogen sechs. Denn sonst hätte ich nicht in die Schule dürfen.«
»Und warum bist du so früh zur Schule gekommen?«
»Das können Sie sich doch denken! Alle wollen mich gern für ein paar Stunden los sein. Wissen Sie, was *Karborundum* heißt?«
»Woher hast du das?«
Ich wühlte in der Hosentasche zwischen Kieselsteinen für meine Schleuder, Bildchen, Kreiselschnur und Murmeln herum. »Hier ist es.«
Ich hatte eine Schaumünze in der Hand, auf der ein Indianerkopf abgebildet war. Einer aus Nordamerika, mit vielen Federn im Haar. Hinten war das Wort drauf geschrieben.
Er drehte die Münze hin und her.
»Sieh mal an, das weiß ich auch nicht. Wo hast du die denn gefunden?«
»Sie stammt von Papas Uhr. Sie war an der Kette festgemacht. Papa sagte, die Uhr würde ich einmal erben. Aber dann brauchte er Geld und hat sie verkauft. Eine so schöne Uhr! Er gab mir den Rest der Erbschaft, und das war dies hier. Ich hab nur die Kette abgemacht, weil sie so furchtbar sauer roch.«
Er strich mir wieder übers Haar.
»Du bist ein etwas schwieriger kleiner Kerl, aber ich muss gestehen, dass du das alte Herz eines Portugiesen froh machst. Ja, das tust du. Wollen wir jetzt weiterfahren?«

»Es ist gerade so gut jetzt. Noch ein kleines bisschen länger. Ich muss über etwas sehr Ernstes sprechen.«

»Dann sprich!«

»Mehr Freunde sein als wir beide, das kann man doch gar nicht, oder?«

»Nein, ganz bestimmt nicht.«

»Sogar der Wagen ist schon halb meiner, nicht?«

»Eines Tages wird er dir ganz gehören.«

»Es ist …«

Es wollte nicht recht heraus.

»Los! Bist du stecken geblieben? Das passiert dir doch sonst nicht …«

»Werden Sie auch nicht böse?«

»Ganz gewiss nicht!«

»In unserer Freundschaft sind zwei Dinge, die ich nicht mag.« Es ließ sich wirklich nicht so einfach sagen, was ich meinte.

»Und was ist das?«

»Erstens: Wenn wir richtige Freunde sind, muss ich dann ›Sie‹ sagen?«

»Das kannst du machen, wie du willst. Du darfst gerne ›du‹ sagen.«

»Das muss ich Knirps erzählen. Bist ›du‹ auch ganz bestimmt nicht böse?«

»Aber warum sollte ich? Das ist doch eine sehr berechtigte Bitte. Wer ist denn dieser Knirps? Von dem hab ich ja noch nie gehört.«

»Knirps? Das ist Bébé.«

»Also, Bébé ist Knirps, und Knirps ist Bébé. Jetzt bin ich genauso schlau wie vorher.«

»Knirps ist mein Orangenbaum. Wenn ich ihn gerade besonders lieb habe, nenne ich ihn Bébé.«

»Du hast also einen Orangenbaum, der Knirps heißt.«

»Und er ist ein ganz toller. Er unterhält sich mit mir, und er kann ein Pferd sein und mit mir wegreiten. Mit Buck Jones, mit Tom Mix. Mit Fred Thompson. Magst *du*« – die ersten Dus fielen mir schwer, aber ich war entschlossen, »magst du Kenn Maynard?«

Er verstand offenbar nichts von Cowboy-Filmen.

»Neulich hat Fred Thompson mich mit ihm bekannt gemacht. Ich fand den Lederhut, den er trägt, wunderschön. Aber er sieht aus, als wisse er nicht, wie man lacht.«

»Lass uns jetzt weiterfahren. Ich werde sonst noch ganz schwindelig von all den Dingen, die du dir in deinem kleinen Kopf ausmalst. Und was ist das Zweite?«

»Die andere Sache ist noch schwieriger. Aber ich hab nun schon vom Du gesprochen, und du bist nicht böse geworden ... Ich mag deinen Namen nicht gern. Nicht, weil er mir nicht gefällt, aber unter Freunden ist es sehr ...«

»Heilige Jungfrau, was willst du denn jetzt?«

»Findest du, dass ich dich Valadares nennen soll?«

Er dachte ein wenig nach und lächelte.

»Du hast recht, das klingt nicht gut.«

»Und Manuel, das mag ich auch nicht. Du kannst dir gar nicht vorstellen, wie wütend ich werde, wenn Papa Portugiesenwitze erzählt und sagt: ›Oh, Manuele ...‹ Da sieht man gleich, dass der Dreckskerl nie einen portugiesischen Freund ...«

»Was hast du da eben gesagt?«

»Dass mein Vater die Portugiesen nachmacht?«

»Nein. Vorher. Etwas sehr Hässliches.«

»Ist denn *Dreckskerl* ebenso hässlich wie *Scheißkerl*?«

»Beinahe ebenso.«

»Dann will ich sehen, dass ich das nicht mehr sage. Und nun?«

»Das frage ich dich. Welchen Schluss hast du gezogen? Du willst mich nicht Valadares nennen und, mir scheint, Manuel auch nicht.«

»Es gibt einen Namen, den ich herrlich finde.«

»Welchen?«

Jetzt machte ich das dreisteste Gesicht von der Welt.

»Wie Senhor Ladislau und die anderen im Café dich nennen.«

Er ballte die Faust und tat zum Spaß, als ob er böse würde.

»Weißt du, dass du der unverschämteste Bursche bist, den ich kenne? Du willst mich *Portuga* nennen, stimmt's?«

»Das ist ein viel besserer Name für einen Freund.«

»War das alles, was du wolltest? Na gut. Ich bin einverstanden, und jetzt fahren wir los, ja?«

Er ließ den Motor an und fuhr ein Stück, in Gedanken versunken. Dann steckte er den Kopf aus dem Fenster und sah nach hinten. Nichts kam. Er öffnete die Wagentür und befahl:

»Steig aus!«

Ich gehorchte und folgte ihm zur Hinterseite des Wagens. Er wies auf den Reservereifen.

»Jetzt halt dich da ganz fest. Aber Vorsicht!«

Überglücklich nahm ich meinen Platz als Fledermaus ein. Er stieg in den Wagen und ließ ihn langsam fahren. Fünf Minuten später hielt er an und kam, um nach mir zu sehen.

»War's schön?«

»Wie ein Traum!«

»Jetzt ist es genug. Komm, es wird dunkel.«

Fast unmerklich wurde es Nacht; im Dorngestrüpp zirpten die Grillen und kündeten an, dass der Sommer schon vorgerückt war. Der Wagen rollte weich dahin.

»Gut. Von nun an sprechen wir nicht mehr über die alte Sache. Ist das recht?«

»Niemals wieder.«

»Ich würde zu gern hören können, wie du zu Hause erklärst, wo du die ganze Zeit gesteckt hast.«

»Ich hab schon drüber nachgedacht. Ich werde sagen, dass ich zum Katechismusunterricht war. Heute ist doch Donnerstag?«

»Gegen dich kommt keiner an! Du weißt einen Ausweg für alles!«

Ich rückte dicht zu ihm hin und lehnte meinen Kopf an seinen Arm.

»Portuga!«

»Hm …«

»Weißt du, ich möchte immer bei dir bleiben.«

»Weshalb?«

»Weil du der beste Mensch von der Welt bist. Wenn ich bei dir bin, dann tut mir niemand was, und ich fühle ›Die Sonne des Glücks in meinem Herzen‹.«

ZWEIMAL EINE DENKWÜRDIGE TRACHT PRÜGEL

»Hier musst du falten. Jetzt schneide mit dem Messer genau an der Knickstelle entlang.«

Leises Geräusch des Messers, während es das Papier zerteilt.

»Nun kleb es ganz vorsichtig, und lass einen Rand. Richtig.«

Ich saß neben Totoca und lernte, wie man einen Ballon für die Johannisnacht macht. Als alles fertig war, hängte Totoca den Ballon oben an der Spitze mit einer Klammer an die Wäscheleine.

»Erst wenn er ganz trocken ist, macht man die untere Öffnung. Hast du's jetzt gelernt, kleiner Esel?«

»Ja.«

Wir saßen auf der Schwelle der Küchentür und guckten zu dem bunten Ballon hin, der mir viel zu langsam trocknete. Als erfahrener Meister erklärte mir Totoca:

»Runde Ballons kann man erst machen, wenn man viel Übung hat. Anfangs musst du sie aus zwei Teilen zusammensetzen, das ist am leichtesten.«

»Totoca, wenn ich ganz allein einen Ballon klebe, machst du dann die Öffnung unten für mich?«

»Das kommt drauf an.«

Er wollte also mal wieder Geschäfte machen. Einen Vorstoß auf meine Murmeln oder auf meine Bildersammlung von Filmstars, die allen ein Rätsel war, weil sie derart wuchs.

»Mensch, Totoca, ich prügle mich doch sogar für dich, wenn du mich drum bittest.«

»Ist gut. Die erste mach ich dir umsonst, wenn du es dann noch nicht allein kannst, die anderen nur im Tausch.«

»Schön.«

Da schwor ich bei mir, ich wollte es so gut lernen, dass er mir bei meinen Ballons nie wieder helfen müsste.

Seither ging mir mein Ballon nicht mehr aus dem Sinn. Es musste *mein* Ballon werden. Wie stolz würde Portuga sein, könnte ich ihm von einer solchen Errungenschaft berichten! Wie würde Bébé mich bewundern, sähe er das Ding in meinen Händen schaukeln. Deshalb füllte ich meine Hosentaschen mit Murmeln und Bildchen, die ich doppelt hatte, und rannte auf die Straße. Ich wollte beides billig verkaufen, um das Geld für wenigstens zwei Bogen Seidenpapier zusammenzukriegen.

»Kommt, liebe Leute! Fünf Murmeln für einen Zehner! Sie sehen so neu aus, als wären sie gerade erst gekauft!«

Nichts.

»Zehn Bildchen für einen Zehner. Die bekommt ihr nicht mal im Laden von Dona Lota.«

Nichts. Keiner aus der Kinderschar hatte Geld. Ich ging durch die Rua do Progresso von oben bis ganz nach unten und bot meine Ware feil, ging auch in die Rua Baron Capanema, beinahe im Trab, aber vergeblich. Wenn ich es nun noch bei Großmama versuchte? Ich tat es, aber Großmama war völlig uninteressiert.

»Ich will weder Bildchen noch Murmeln kaufen. Du hebst sie besser auf. Denn morgen kommst du doch und bittest mich, dir neue zu kaufen.«

Sicher hatte Großmama kein Geld.

Ich ging auf die Straße zurück und guckte auf meine Beine. Sie waren schmutzig von all dem Straßenstaub.

Ich sah, dass die Sonne schon sehr tief stand. Da geschah das Wunder.

»Sesé! Sesé!«

Biriquino kam wie ein Verrückter auf mich zugelaufen.

»Ich such dich schon überall. Du verkaufst?«

Ich schüttelte die Taschen, dass die Murmeln klimperten.

»Wollen wir uns hinsetzen?«

Wir setzten uns gleichzeitig, und ich schüttete meine Ware auf die Erde.

»Was kostet's?«

»Fünf Murmeln einen Zehner, zehn Bildchen dasselbe.«

»Teuer!«

Ich wollte schon aufbrausen. Verdammter Gauner! Teuer, wo alle Welt für das, was ich forderte, nur fünf Bildchen und drei Murmeln gibt! Fast hätte ich sie wieder in die Tasche gesteckt.

»Warte! Darf ich aussuchen?«

»Wie viel Geld hast du?«

»Dreißig. Ich will aber nur zwanzig ausgeben.«

»Schon gut. Ich geb dir sechs Murmeln und zwölf Bildchen.«

Wie der Wind sauste ich zum »Hunger und Elend«.

Längst erinnerte sich dort niemand mehr an das Vorkommnis. An der Theke stand nur Senhor Orlando und unterhielt sich. Wenn später die Fabriksirene pfiff, ja, dann würden viele Leute kommen, um Zuckerrohrschnaps zu trinken, und es würde ganz voll werden.

»Haben Sie Seidenpapier?«

»Und hast du Geld? Auf deines Vaters Rechnung bekommst du nichts mehr.«

Ich war nicht beleidigt, zeigte nur meine beiden Zehnermünzen.

»Ich hab Rosa und Orange.«

»Bloß?«

»In der Drachenzeit habt ihr mir alles weggeholt. Aber was für einen Unterschied macht's schon? Drachen steigen, ganz gleich, welche Farben sie haben, oder nicht?«

»Aber es ist nicht für einen Drachen. Ich will meinen ersten Ballon machen. Ich will, dass mein erster Ballon der allerschönste wird.«

Ich hatte keine Zeit zu verlieren. Wenn ich noch bis zum Laden von Chico Franco lief, würde es zu spät.

»Hm ... egal, geben Sie es her.«

Jetzt sah die Sache ganz anders ans. Ich stellte einen Stuhl an den Tisch und König Luís obendrauf, damit er zusehen konnte.

»Du bist ganz still, versprichst du's? Sesé wird etwas sehr Schwieriges machen. Wenn du erst größer bist, dann bring ich es dir bei, und da nehm ich nichts dafür.«

Es wurde rasch dunkel, und ich arbeitete wie besessen. Die Fabriksirene pfiff. Es musste schnell gehen. Jandira stellte schon die Teller auf den Tisch. Sie hatte die schlechte Angewohnheit, uns das Essen früher zu geben, damit nachher niemand die älteren störte.

»Sesé ...! Luís ...!«

Sie rief so laut, als säßen wir hinten in Murundu. Ich hob Luís herunter und sagte:

»Geh du schon mal vor, ich komm gleich nach.«

»Sesé! Komm sofort, sonst gibt's was.«

»Ich komm ja schon!«

Das Aas schien schlechte Laune zu haben. Wahrscheinlich hatte sie Krach mit einem ihrer Verehrer gehabt. Mit dem am Straßenende oder mit dem am Anfang.

Zu allem Überfluss begann der Klebstoff trocken zu werden, und das Mehl haftete an den Fingern und erschwerte die Arbeit.

Ihr Rufen wurde noch lauter. Ich konnte fast nichts mehr sehen.

»Sesé!«
Da! Jetzt war ich verloren. Wütend kam sie angelaufen.
»Denkst du, ich bin dein Dienstmädchen? Augenblicklich kommst du zum Essen!«
Sie stürzte ins Zimmer und packte mich bei den Ohren.
Sie schleifte mich mit sich und schleuderte mich gegen den Tisch.
Jetzt wurde ich rasend.
»Ich ess nicht! Ich ess nicht! Ich ess nicht! Ich will meinen Ballon fertigmachen!«
Ich entwischte ihr und rannte zurück.
Sie geriet außer sich. Nicht auf mich stürzte sie sich, sondern auf den Tisch. Und dann: Aus war es mit dem schönen Traum! Mein unfertiger Ballon verwandelte sich in einen Haufen Fetzen. Und nicht zufrieden damit – ich war so betäubt, dass ich mich nicht wehrte –, packte sie mich an Armen und Beinen und schleuderte mich in die Mitte des Zimmers.
»Wenn ich etwas sage, hast du zu gehorchen!«
Jetzt ging der Teufel mit mir durch. Meine Empörung brach los wie ein Unwetter. Zunächst nur ein Windstoß:
»Weißt du, was du bist? Eine Hure!«
Sie hielt ihr Gesicht dicht an meines. Ihre Augen sprühten Funken:
»Wiederhol das, wenn du Mut hast.«
Deutlich betonte ich die Silben:
»Hu-re!«
Sie ergriff den Lederriemen auf der Kommode und drosch mitleidlos auf mich ein. Ich drehte ihr den Rücken zu und barg den Kopf zwischen den Händen. Der Schmerz war nichts gegen meine Wut.
»Schlampe! Hure! Nutte!«
Sie hörte nicht auf, und mein Körper brannte wie Feuer. Jetzt kam

auch noch Antonio dazu und half meiner Schwester, die schon anfing lahm zu werden, so sehr hatte sie auf mich eingedroschen.
»Bring mich nur um, du Mörderin. Du wirst dafür ins Gefängnis kommen!«
Und sie schlug und schlug, bis ich in die Knie brach und mich an die Kommode klammerte.
»Nutte! Hure!«
Totoca hob mich auf und drehte mich um, sodass ich ihn ansehen musste.
»Halt den Mund, Sesé, so was sagt man nicht zu seiner Schwester!«
»Sie ist eine Hure! Eine Mörderin! Eine Schlampe!«
Da fing er an, mich ins Gesicht zu schlagen. Auf die Augen, auf die Nase, auf den Mund. Vor allem auf den Mund …
Zu meinem Glück hatte Gloria etwas gehört. Sie war bei den Nachbarn gewesen, hatte mit Dona Rosena geschwatzt und kam angeflogen, als sie das Geschrei hörte. Wie ein Orkan stürmte sie ins Zimmer. Mit Gloria war nicht zu spaßen, und als sie mein blutbeschmiertes Gesicht sah, stieß sie Totoca zur Seite und schubste auch Jandira weg, ohne Rücksicht darauf, dass diese die Ältere war. Ich lag auf dem Boden, konnte beinahe die Augen nicht aufkriegen und bekam kaum Luft. Sie brachte mich ins Schlafzimmer. Ich weinte nicht, aber dafür stimmte König Luís, der sich in Mamas Zimmer versteckt hatte, ein fürchterliches Gebrüll an. Aus Angst und weil sie mich so misshandelt hatten.
Gloria schimpfte:
»Ihr werdet dieses Kind eines Tages noch umbringen, und dann möchte ich euch sehen! Herzlose Ungeheuer, die ihr seid!«
Sie legte mich aufs Bett und holte die immer hilfreiche Schüssel mit Salzlauge. Totoca betrat sehr verlegen das Zimmer. Gloria warf ihn hinaus.

»Mach, dass du wegkommst, du Feigling!«
»Hast du denn nicht gehört, was er gesagt hat?«
»Nichts hat er getan! Ihr selbst habt ihn erst dazu gebracht. Als ich wegging, war er ganz still dabei, seinen Ballon zu kleben. Ihr habt kein Herz! Wie kann man so auf seinen Bruder einhauen?«
Und während sie mir das Blut abwusch, spuckte ich ein Stück Zahn in die Schüssel. Das schürte das Feuer im Vulkan.
»Siehst du, was du angerichtet hast, du Feigling. Wenn du streiten willst, dann fürchtest du dich und rufst ihn. Du Memme! Bist neun Jahre alt und machst noch ins Bett. Ich werde mal allen Leuten deine Matratze zeigen und deine nasse Hose, die du jeden Morgen in der Schublade versteckst!«
Dann schickte sie alle aus dem Zimmer und schloss die Tür ab. Sie zündete das Licht an, denn es war inzwischen völlig dunkel geworden. Sie zog mir das Hemd aus und wusch die Flecken und Wunden auf meinem Körper.
»Tut es weh, Gum?«
»Ja, diesmal tut es sehr weh.«
»Ich mach es so vorsichtig, wie ich kann, mein lieber Böser – du. Du musst dich eine Weile auf den Bauch legen, um zu trocknen, sonst klebt nachher die Wäsche an, und das tut weh.«
Am schlimmsten war das Gesicht. Das brannte vor Schmerz und vor Wut über so viel sinnlose Bosheit.
Als es mir wieder besser ging, legte sie sich neben mich und strich mir über den Kopf.
»Siehst du, Gloria. Ich hab doch gar nichts getan. Wenn ich was angestellt habe, dann können sie mich ja ruhig hauen. Aber ich hab wirklich nichts getan.«
Sie verschluckte, was sie sagen wollte.
»Am traurigsten bin ich über meinen Ballon. Wie schön der geworden wäre. Frag nur Luís.«

»Ich glaube es dir. Er wäre wunderschön geworden. Aber das schadet nichts. Morgen gehen wir zu Großmama und kaufen Seidenpapier. Dann helf ich dir, den schönsten Ballon von der Welt zu machen. So schön, dass sogar die Sterne neidisch werden.«

»Das nützt nichts, Gloria. Man macht bloß einmal den ersten Ballon. Wenn der nicht gut wird, gelingt es nie mehr, oder man verliert die Lust.«

»Eines Tages … eines Tages … bring ich dich weit von hier weg. Dann wohnen wir …«

Sie stockte. Sicher hatte sie an Großmamas Haus gedacht. Aber dort würde es ja dasselbe Elend sein. Da fiel ihr mein Orangenbaum ein, und sie versetzte sich ganz in meine Traumwelt.

»Ich bring dich auf die Ranch zu Tom Mix oder Buck Jones.«

»Aber ich mag Fred Thompson noch lieber.«

»Nun, dann gehen wir auf seine Ranch.«

Völlig hilflos fingen wir an, leise miteinander zu weinen.

Trotz meiner Sehnsucht konnte ich zwei Tage lang den Portugiesen nicht besuchen. Sie ließen mich nicht mal in die Schule. Damit niemand ihre Brutalität sah. Erst nachdem mein Gesicht abgeschwollen und die Lippen verheilt waren, durfte ich wieder mein gewohntes Leben aufnehmen. Ich verbrachte die Tage mit dem kleinen Bruder unter meinem Orangenbaum, ohne Lust, mich mit ihm zu unterhalten. Alles flößte mir Angst ein. Papa hatte mir versprochen, er würde mich windelweich schlagen, wenn ich noch einmal wiederholte, was ich zu Jandira gesagt hatte. Ich wagte kaum mehr zu atmen. Da war es besser, sich in den kleinen Schatten des Orangenbaums zurückzuziehen, die Haufen von Bildchen durchzusehen, die ich von Portuga geschenkt bekommen hatte, und König Luís mit viel Geduld beizubringen, wie man Murmeln spielt. Er war ziemlich tollpatschig, aber eines Tages würde er es schon noch lernen.

Indessen wurde meine Sehnsucht immer größer. Portuga wunderte sich gewiss über mein Ausbleiben. Wenn er genau wüsste, wo ich wohnte, dann wäre er wohl imstande, herzukommen. Mein Ohr vermisste seine weiche portugiesische Redeweise, die so zärtlich klang. Und meinen Augen fehlte der Anblick seines bräunlichen Gesichts, seiner untadeligen dunklen Kleidung mit dem gestärkten Hemdkragen, der immer aussah, als sei er gerade aus der Schublade gekommen, seiner karierten Weste und sogar seiner vergoldeten Manschettenknöpfe, die wie Anker geformt waren.

Aber bald, bald würde alles wieder in Ordnung sein. Kinderwunden vernarben viel schneller, als man denkt.

An diesem Abend war Papa nicht weggegangen. Außer Luís befand sich niemand im Haus, und der schlief schon.

Mama war noch nicht aus der Stadt zurück. Sie machte oft Nachtschicht in der englischen Weberei, und dann bekamen wir sie nur sonntags zu sehen.

Ich hatte beschlossen, in Papas Nähe zu bleiben, denn dann war es nicht möglich, etwas zu tun, was ich nicht durfte. Er hatte sich in den Schaukelstuhl gesetzt und starrte wie abwesend auf die Wand. Sein Gesicht war unrasiert wie immer. Das Hemd nicht besonders sauber. Wahrscheinlich war er nur deshalb nicht weggegangen, mit den Freunden Argolo zu spielen, weil er kein Geld hatte. Armer Papa! Es musste ihm schwerfallen, sich damit abzufinden, dass Mama arbeitete, um die Familie durchzubringen. Auch Lalá ging jetzt schon in die Fabrik. Es war gewiss bitter, sich immer wieder um Stellungen zu bewerben und jedes Mal mit derselben Antwort abgewiesen zu werden: Wir brauchen jemand Jüngeren …

Ich saß auf der Türschwelle und zählte die weißlichen Mauergeckos an der Wand. Dann wendete ich den Blick zu Papa hin. Nur an jenem Weihnachtsmorgen hatte ich ihn so traurig gesehen. Ich musste irgendwas für ihn tun. Ob ich singen sollte? Ich könnte ja ganz leise singen; das würde ihm in seiner Verlassenheit sicher wohltun. Ich ließ mir meinen Liederschatz durch den Kopf gehen und erinnerte mich an das letzte Lied, das ich von Senhor Ariovaldo gelernt hatte. Es war ein Tango, einer der allerschönsten.

Ganz leise begann ich:

Ein nacktes Weib will ich haben.
Ganz nackt begehr ich das Weib.
Will mich nachts im Mondlicht erlaben
An des Weibes nacktem Leib.

»Sesé!«

»Ja, Papa?«

Sofort stand ich auf. Es musste Papa sehr gefallen haben, und er wollte, dass ich es ihm richtig vorsang.

»Was singst du da?«

Ich wiederholte:

Ein nacktes Weib will ich haben ...

»Wer hat dir das beigebracht?«

Seine Augen hatten einen dunklen Glanz bekommen, als verlöre er den Verstand.

»Senhor Ariovaldo.«

»Ich hab dir schon gesagt, ich will nicht, dass du mit ihm herumziehst.«

Nie hatte er das gesagt. Ich glaube, er wusste nicht einmal, dass ich als Gehilfe bei ihm arbeitete.
»Sing das Lied noch einmal.«
»Es ist ein ganz neuer Tango.«

Ein nacktes Weib will ich haben …

Eine Ohrfeige klatschte in mein Gesicht.
»Sing das noch mal!«

Ein nacktes Weib will ich haben …

Noch eine Ohrfeige, noch eine, noch eine. Wider Willen sprangen die Tränen aus meinen Augen.
»Los! Sing doch weiter!«

Ein nacktes Weib will ich haben …

Mein Gesicht konnte sich kaum bewegen, es wurde hin und her geschmissen.
Meine Augen öffneten sich und gingen wieder zu unter dem Aufprall der Schläge. Ich wusste nicht, ob ich aufhören oder ob ich gehorchen sollte … Aber in meiner Qual beschloss ich eins: Das sollten meine letzten Prügel sein, die allerletzten, und wenn ich dafür sterben müsste.
Als er eine kurze Pause machte und mir befahl zu singen, tat ich es nicht. Ich sah Papa mit grenzenloser Verachtung an und sagte:
»Mörder! … Schlag mich doch gleich tot! Du wirst schon ins Gefängnis kommen dafür!«
Wutentbrannt stand er aus dem Schaukelstuhl auf. Er zog den

Gürtel heraus. Jenen Gürtel, der zwei Metallringe hatte. Und begann mich in sinnlosem Jähzorn zu beschimpfen:

»Hund, Biest, Nichtsnutz, sagt man so was zu seinem Vater?«

Der Gürtel sauste mit aller Kraft auf mich nieder. Er schien tausend Finger zu haben, die mich an jeder Körperstelle trafen. Ich fiel hin und drückte mich in die Zimmerecke. Ich war sicher, er würde mich totschlagen. Ich konnte noch eben Glorias Stimme hören, die eintrat, um mich zu retten. Gloria, die Einzige, die so blond war wie ich.

Gloria, die niemand anrührte. Sie hielt Papas Hand fest und wehrte den Schlag ab.

»Papa! Papa! Um Gottes willen, schlag mich, aber schlag nicht mehr auf dieses Kind ein!«

Er warf den Gürtel auf den Tisch und bedeckte das Gesicht mit den Händen. Er weinte um seiner selbst und um meinetwillen.

»Ich habe den Kopf verloren. Ich dachte, er macht sich über mich lustig. Hält mich zum Narren.«

Gloria hob mich vom Boden auf, und ich wurde bewusstlos.

Als ich wieder zu mir kam, glühte ich vor Fieber. Mama und Gloria standen an meinem Kopfende und sprachen liebevoll auf mich ein. Im Wohnzimmer war Lärm wie von vielen Leuten. Sogar Großmama war gerufen worden. Später erfuhr ich, dass sie einen Arzt hatten holen wollen, aber das wäre wohl nicht gutgegangen.

Gloria brachte mir eine Brühe, die sie gekocht hatte, und versuchte mir ein paar Löffel einzuflößen. Ich konnte kaum atmen, geschweige denn schlucken. Ich wurde sehr schläfrig, und als ich wieder aufwachte, hatten die Schmerzen etwas nachgelassen.

Aber Mama und Gloria umsorgten mich weiter. Mama verbrachte die Nacht bei mir und stand erst in der Morgendämmerung auf, um sich fertigzumachen. Sie musste zur Arbeit gehen. Als sie kam, um sich von mir zu verabschieden, umschlang ich ihren Hals.

»Ist schon nicht so schlimm, mein Junge! Morgen geht es dir wieder gut.«

»Mama!«

Ich sprach ganz leise. Es war vielleicht meine größte Anklage gegen das Leben:

»Mama, ich hätte nicht auf die Welt kommen dürfen. Es hätte sein sollen wie mit meinem Ballon.«

Traurig streichelte sie mir den Kopf.

»Alle müssen so geboren werden, wie sie sind. Auch du. Nur, dass du manchmal ungezogen bist, Sesé ...«

EINE KLEINE WUNDERLICHE BITTE

Es dauerte eine Woche, bis ich mich ganz erholt hatte. Meine Niedergeschlagenheit rührte weder von den Schmerzen her noch von den Schlägen. Wohl fingen sie zu Hause an, nett zu mir zu sein, aber sie waren zu nett, und das machte mich misstrauisch. Irgendetwas fehlte. Etwas Wichtiges, damit ich wieder derselbe hätte werden können, der ich vorher gewesen war, vielleicht der Glaube an die Menschen, an ihre Güte. Ich zog mich ganz still in mich selbst zurück, hatte zu gar nichts Lust und hockte fast ständig dicht bei Knirps, von wo aus ich teilnahmslos das Leben ringsum betrachtete. Keine Rede davon, mit ihm zu schwatzen oder seinen Geschichten zu lauschen. Allenfalls erlaubte ich meinem kleinen Bruder, in meiner Nähe zu spielen. Ich baute ihm die Seilbahn aus Knöpfen, die er so sehr mochte, und ließ ihn die hundert Gondeln den ganzen Tag lang hinauf- und hinunterschicken. Dabei schaute ich ihm gern zu, denn als ich in seinem Alter gewesen war, hatte ich dieses Spiel ebenso geliebt.

Gloria machte sich Sorgen wegen meiner Schweigsamkeit. Sie legte selbst meinen Haufen Bildchen und mein Murmelsäckchen neben mich, aber manchmal rührte ich sie nicht einmal an. Ich hatte keine Lust, ins Kino zu gehen oder als Schuhputzer zu arbeiten. Ich konnte einfach nicht davon lassen, in meinem Schmerz herumzuwühlen. Dem Schmerz eines Tierchens, das zusammengeschlagen worden ist, ohne zu wissen, warum.

Gloria fragte mich nach den Fantasiegestalten, die meine Welt bevölkert hatten.

»Sie sind nicht mehr da. Sie sind weit fort …«

Sicher wollte sie mich an Fred Thompson und die anderen Freunde erinnern.

Aber sie wusste nichts von der Umwälzung, die sich in mir vollzog. Nichts von dem, was ich mir vorgenommen hatte. Dass ich in Zukunft andere Filme sehen wollte als bisher. Nicht mehr die mit Cowboys und Indianern und so. Ich wollte nur noch in Liebesfilme gehen, wie die Großen sie nannten. Filme, in denen viele Küsse vorkommen und viel Zärtlichkeit und wo alle sich lieben. War ich selber nur dazu da, verprügelt zu werden, so konnte ich dort doch wenigstens sehen, wie andere Menschen sich gern mochten.

Endlich kam der Tag, an dem ich wieder in die Schule gehen konnte. Ich ging aber nicht hin. Ich wusste, dass Portuga eine ganze Woche lang vergebens mit *unserem* Wagen auf mich gewartet hatte. Er würde das natürlich erst dann wieder tun, wenn ich ihm Bescheid sagte. Gewiss war er sehr besorgt über mein Ausbleiben. Auch wenn er gewusst hätte, dass ich krank war, durfte er ja nicht zu mir kommen. Wir hatten uns geschworen, einen Pakt auf Leben und Tod geschlossen, unser Geheimnis zu bewahren. Niemand, nur Gott sollte um unsere Freundschaft wissen.

Bei der Konditorei gegenüber dem Bahnhof stand der schöne Wagen geparkt. Da blitzte der erste Freudenstrahl in mir auf. Mein Herz stürmte von Sehnsucht beflügelt voraus. Ich würde meinen Freund wiedersehen.

In diesem Augenblick hallte vom Eingang des Bahnhofs ein herrlicher Pfiff, der mich erschauern ließ. Es war der Mangaratiba. Gewalttätig und stolz. Der Herrscher über alle Gleise. Er flog vorbei in seiner ganzen Pracht, die Wagen rüttelnd und schüttelnd. Viele Leute guckten aus den kleinen Fenstern heraus. Wer reiste, war glücklich. Als ich noch klein war, fand ich es wunderschön, den Mangaratiba vorbeifahren zu sehen und ihm nachzuwinken. Zu winken, bis der Zug am Horizont verschwand. Jetzt war Luís in diesem Alter. Ich suchte die Tische in der Konditorei ab, und da saß Portuga. Am äußersten Tisch, damit er die Kunden kommen sehen konnte. Er drehte mir den Rücken zu, ohne Jacke, in der hübschen karierten Weste, aus der die sauberen weißen Hemdsärmel herausschauten.

Ich fühlte mich plötzlich so schwach, dass ich fast nicht zu ihm hingelangt wäre. Wer ihn auf mich aufmerksam machte, war Senhor Ladislau.

»Sieh mal, Portuga, wer da ist!«

Er drehte sich langsam um, und ein glückliches Lächeln erhellte sein Gesicht. Dann öffnete er die Arme und drückte mich lange an sich.

»Mein Herz hat mir gesagt, du würdest heute kommen.«

Danach betrachtete er mich eine Weile.

»Nun, du Ausreißer. Wo hast du denn die ganze Zeit über gesteckt?«

»Ich war sehr krank.«

Er zog einen Stuhl heran.

»Setz dich.«

Er schnippte mit den Fingern, um den Kellner zu rufen. Der wusste schon, was ich am liebsten mochte. Aber als der Saft und die Süßigkeiten vor mir standen, rührte ich nichts davon an. Ich legte den Kopf auf die Arme und verharrte in dieser Stellung. Ich fühlte mich so matt und so traurig.

»Magst du nichts?«

Und da ich nicht antwortete, hob Portuga mein Gesicht hoch. Ich biss mir fest auf die Lippen, und meine Augen füllten sich mit Tränen.

»Nanu, was ist denn das, kleiner Mann? Erzähl es mal deinem Freund ...«
»Ich kann nicht! Hier kann ich es nicht ...«
Senhor Ladislau schüttelte den Kopf, als verstünde er gar nichts mehr. Ich beschloss, wenigstens etwas zu sagen.
»Portuga, stimmt es, dass der Wagen noch immer *unser* Wagen ist?«
»Klar. Zweifelst du denn daran?«
»Könntest du eine Spazierfahrt mit mir machen?«
Er war erstaunt über meine Bitte.
»Wenn du das möchtest, tun wir es gleich.«
Als er sah, dass mir noch mehr Tränen in die Augen traten, zog er mich am Arm hoch, brachte mich zum Auto und setzte mich hinein, ohne die Tür aufzumachen. Dann ging er zurück, um seine Rechnung zu bezahlen, und ich hörte, wie er mit Senhor Ladislau und den anderen redete.
»Keiner von seiner Familie hat Verständnis für dieses Kind. Ich habe noch nie einen Jungen gesehen, der so sensibel ist.«
»Hand aufs Herz, Portuga, du hast diesen kleinen Teufel wirklich gern.«
»Du kannst dir gar nicht vorstellen, wie sehr. Er ist ein prächtiger und gescheiter kleiner Kerl.«
Er kam zum Wagen und setzte sich.
»Wohin möchtest du?«
»Bloß weg von hier. Wir könnten bis zum Weg nach Murundu fahren. Das ist nah und kostet nicht viel Benzin.« Er lachte.
»Bist du nicht viel zu klein, um die Probleme der Erwachsenen zu verstehen?«
Die Armut bei uns zu Haus war so groß, dass wir von klein auf gelernt hatten, nichts zu vergeuden. Alles kostete viel Geld. Alles war teuer.

Während der kurzen Fahrt sprach er nichts. Er ließ mir Zeit. Aber als dann alles fernrückte und der Weg sich in der Schönheit der grünen Weiden verlor, brachte er den Wagen zum Stehen und blickte mich mit seinem gütigen Lächeln an, das alles wettmachte, was der übrigen Welt an Güte abging.

»Portuga, sieh dir mal mein Gesicht an! Nein, nicht Gesicht, meine *Fresse*. Zu Hause sagen sie, dass ich eine Fresse hab, denn ich bin kein Mensch, ich bin ein Biest, ein freches Balg, ein Teufelsbraten.«

»Mir ist es aber lieber, dein Gesicht anzusehen.«

»Aber sieh genau hin, schau, wie verschwollen ich bin von all den Schlägen.«

In den Augen des Portugiesen regten sich jetzt Unruhe und Mitgefühl.

»Sag, warum haben sie dir das angetan?«

Ich erzählte. Erzählte alles, ohne auch nur ein bisschen zu übertreiben. Als ich fertig war, hatte er feuchte Augen und war ratlos.

»Man kann doch ein kleines Kind wie dich nicht so zusammenschlagen! Du bist noch keine sechs Jahre alt! Heilige Jungfrau von Fátima!«

»Ich weiß, warum. Weil ich wirklich gar nichts tauge. Ich bin so böse; weißt du, was Weihnachten passiert? Da kommt nicht das Jesuskind, da kommt das Teufelskind auf die Welt …!«

»Quatsch! Du bist manchmal ein bisschen übermütig, aber …«

Die Vorstellung, die sich in mir festgesetzt hatte, begann mich aufs Neue zu quälen.

»Ich bin so schlecht, ich hätte gar nicht geboren werden dürfen. Das hab ich neulich auch schon zu Mama gesagt.«

Zum ersten Mal wollte er mit seiner Antwort nicht recht heraus.

»So was hättest du nicht sagen dürfen.«

»Ich hab es so sehr nötig, mit dir zu sprechen. Ich weiß, es ist furchtbar, wenn Papa wegen seines Alters keine Arbeit finden kann. Das muss ihm ja sehr weh tun. Und auch dass Mama ganz frühmorgens weggeht, um zu helfen, damit wir die Miete bezahlen können. Mama arbeitet in der englischen Weberei. Sie muss einen Gürtel tragen, denn als sie neulich eine Kiste Spulen hochgehoben hat, bekam sie einen Bruch. Und Lalá, die hat so viel gelernt, und jetzt ist sie bloß Arbeiterin in der Fabrik. All das ist schlimm. Aber deshalb brauchte er mich doch nicht so zu verprügeln. Weihnachten hab ich ihm gesagt, er kann mich schlagen, so viel er will, aber diesmal war es doch zu viel.«

Er betrachtete mich fassungslos.

»Jungfrau von Fátima! Wie ist es bloß möglich, dass ein Kind die Probleme der Erwachsenen derart begreift und so unter ihnen leidet! Das hab ich noch nicht erlebt!«

Er unterdrückte seine Bewegung.

»Wir sind doch Freunde, nicht? Komm, reden wir von Mann zu Mann! Es fällt mir allerdings manchmal schwer, über gewisse Dinge mit dir zu sprechen. Na ja, jedenfalls finde ich, du solltest keine solchen Schimpfwörter zu deiner Schwester sagen. Übrigens solltest du nie Schimpfwörter in den Mund nehmen, weißt du?«

»Aber ich bin klein. Nur so kann ich mich rächen!«

»Weißt du, was sie bedeuten?«

Ich nickte.

»Dann darfst und sollst du sie nicht mehr aussprechen.«

Wir schwiegen eine Weile.

»Portuga?«

»Hm.«

»Du magst nicht, dass ich Schimpfwörter gebrauche?«

»Ganz und gar nicht.«

»Gut. Dann verspreche ich dir: Wenn ich nicht sterbe, will ich keine hässlichen Wörter mehr sagen.«

»Fein. Und was ist das mit dem Sterben?«

»Nachher erzähl ich's dir.«

Wir schwiegen wieder, und der Portugiese war nachdenklich.

»Du hast Vertrauen zu mir, und deshalb muss ich noch etwas von dir wissen. Diese Geschichte mit dem Lied. Dem Tango. Wusstest du, was du da sangst?«

»Ich mag dich nicht anlügen. Ich hab es nicht richtig verstanden. Ich hab es gelernt, wie ich alles lerne. Weil die Melodie sehr schön ist. Ich hab gar nicht darüber nachgedacht, was es bedeutet … Aber er hat mich so verhauen, so furchtbar, Portuga. Na, macht nichts …«

Ich holte tief Atem.

»Macht nichts, ich werde ihn umbringen.«

»Was redest du da, Junge? Du willst deinen Vater umbringen?«

»Ja, das will ich. Ich hab sogar schon damit angefangen. Zum Totmachen braucht man ja nicht den Revolver von Buck Jones zu nehmen und ›Bumm‹ zu machen. So meine ich das nicht. Man macht im Herzen tot. Man hört auf, jemand lieb zu haben. Und eines Tages ist er dann tot.«

»Was für Einfälle du hast!«

Das sagte er, aber es gelang ihm nicht, die Bewegung zu verbergen, die ihn überkam.

»Hast du nicht auch zu mir gesagt, du wolltest mich umbringen?«

»Das war am Anfang. Nachher hab ich das Gegenteil getan. Ich hab dich sterben lassen, damit du in mir lebendig würdest. Du bist der einzige Mensch, den ich lieb habe, Portuga. Mein einziger Freund. Aber nicht, weil du mir Bildchen schenkst und

Saft und Süßigkeiten oder Murmeln ... Ich schwöre es dir, das ist wahr!«

»Jetzt hör aber auf! Alle mögen dich gern. Deine Mutter, sogar dein Vater. Deine Schwester Gloria, König Luís ... Und hast du etwa deinen kleinen Orangenbaum vergessen? Wie nennst du ihn doch, Knirps und ...«

»Bébé.«

»Na also ... »

»Aber jetzt ist das anders, Portuga. Bébé ist einfach ein kleiner Orangenbaum, der noch nicht einmal eine einzige Blüte fertiggekriegt hat ... So ist es in Wirklichkeit. Aber du, du bist mein Freund, und deshalb wollte ich gern mit dir in unserem Wagen spazieren fahren, der bald wieder nur deiner allein sein wird. Ich wollte dir Lebewohl sagen.«

»Lebewohl?«

»Ja, ganz im Ernst. Siehst du, ich bin zu nichts gut, und ich bin es so leid, verprügelt und an den Ohren gezogen zu werden. Ich will auch nicht ein Mund mehr sein, der gefüttert werden muss ...«

Ich fühlte einen schmerzhaften Klumpen in der Kehle und brauchte großen Mut, um den Rest zu erzählen.

»Du willst also weglaufen?«

»Nein. Ich hab die ganze Woche lang alles überlegt. Heute Abend werde ich mich vor den Mangaratiba werfen.«

Zunächst sagte er nichts. Dann zog er mich in seine Arme und sprach mir gut zu, wie nur er es zu tun verstand.

»Nein! Sag doch so was um Gottes willen nicht! Du hast ein wunderschönes Leben vor dir. Bei deiner Aufgewecktheit, deiner Intelligenz. So was zu sagen ist Sünde. Du sollst es weder denken noch aussprechen. Und ich? Hast du mich denn nicht mehr lieb? Wenn es nicht gelogen ist, dass du mich gern hast, dann darfst du nicht mehr so reden.«

Er rückte ein wenig ab und blickte mir in die Augen. Dann wischte er mit dem Handrücken meine Tränen weg.

»Ich hab dich sehr lieb, kleiner Mann. Viel lieber, als du denkst. Komm, nun mach wieder ein frohes Gesicht!«

Ich lächelte, nach diesem unerwarteten Geständnis ging es mir schon deutlich besser.

»All das geht vorbei. Bald wirst du mit deinen Drachen Herr der Straßen, wirst König im Murmelspiel sein und ein Cowboy, so stark wie Buck Jones ... Außerdem hatte ich noch etwas vor. Willst du wissen, was?«

»Ja.«

»Nächsten Sonnabend fahre ich nicht zu meiner Tochter nach Encantado. Sie verbringt ein paar Tage mit ihrem Mann auf der Insel Paquetá. Bei dem schönen Wetter habe ich mir vorgenommen, im Guandu angeln zu gehen. Und da mich keiner von meinen erwachsenen Freunden begleiten kann, habe ich an dich gedacht.«

»Du willst mich mitnehmen?«

»Na ja, wenn du magst. Du musst nicht.«

Statt jeder Antwort fiel ich ihm um den Hals und legte mein Gesicht an seines. Wir lachten, und mein Kummer war wie weggeblasen.

»Es gibt da einen wunderhübschen Platz. Wir werden was zu essen mitnehmen. Was magst du denn am liebsten?«

»Dich, Portuga.«

»Ich spreche aber von Wurst, Eiern, Bananen ...«

»Ich mag alles gern. Zu Hause haben wir gelernt, alles zu mögen, was wir haben und wenn wir es haben.«

»Also abgemacht?«

»Ich werde überhaupt nicht mehr schlafen können, wenn ich daran denke!«

Aber vorher galt es noch ein ernstes Problem zu lösen.
»Und was wirst du sagen, wenn du einen ganzen Tag lang von zu Hause wegbleibst?«
»Ich erfinde irgendetwas.«
»Und wenn sie es nachher herauskriegen?«
»Bis zum Ende des Monats darf niemand mich verhauen. Das haben sie Gloria versprochen, und Gloria kann sehr wütend werden. Sie ist die Einzige, die so blond ist wie ich.«
»Wirklich?«
»Ganz bestimmt. Ich darf erst in einem Monat wieder Prügel kriegen, wenn ich mich erholt habe.«
Er ließ den Motor an und begann die Rückfahrt.
»Das heißt aber jetzt, dass nicht mehr davon gesprochen wird!«
»Wovon?«
»Vom Mangaratiba!«
»Es wird noch etwas dauern, bis ich *das* tue ...«
»Das klingt schon besser.«
Viel später erst erfuhr ich von Senhor Ladislau, dass Portuga an diesem Abend trotz meines Versprechens erst nach Hause gefahren war, als der Mangaratiba auf seinem Rückweg die Strecke passiert hatte. Sehr spät am Abend.

Wir waren durch herrliche Gegenden gekommen. Die Straße war nicht breit, weder asphaltiert noch gepflastert, dafür aber das Grasland ringsum mit den Bäumen umso schöner. Gar nicht zu reden von der Sonne und dem heiteren tiefblauen Himmel. Großmama hatte einmal gesagt, Fröhlichkeit sei eine »funkelnde Sonne drinnen im Herzen«. Und diese Sonne erwecke in allen das Glück. Wenn das stimmte, dann war es die Sonne in meiner Brust, die alles noch schöner machte ...

Wir sprachen wieder einmal über gewisse Dinge, während der Wagen ruhig dahinglitt. Als wollte auch er unserer Unterhaltung zuhören.

»Also, wenn du mit mir zusammen bist, dann bist du lieb und artig. Du sagst, dass deine Lehrerin, wie heißt sie doch ...?«

»Dona Cecilia Paim. Weißt du, dass sie einen weißen Fleck in einem Auge hat?«

Er lachte.

»Von Dona Cecilia Paim hast du mir erzählt, sie glaube dir nicht, dass du all das dumme Zeug machst, wenn du nicht in der Schule bist. Auch mit deinem kleinen Bruder und mit Gloria bist du nett. Sag mir also, warum bist du mal so und mal anders?«

»Das weiß ich eben nicht. Ich weiß nur, dass alles, was ich mache, immer gleich ein Streich wird, und sofort weiß die ganze Straße davon. Ich glaube, der Teufel macht das. Wenn es nicht so wäre, fiele mir gewiss nicht so viel ›Schabernack‹ ein, wie Onkel Edmundo das nennt. Weißt du, was ich einmal mit Onkel Edmundo gemacht habe? Hab ich dir das nie erzählt, oder doch?«

»Nein.«

»Das war ungefähr vor sechs Monaten. Er bekam eine Hängematte aus dem Norden geschenkt und spielte sich furchtbar damit auf. Er ließ einen nicht mal drin schaukeln, der Scheißkerl ...«

»Was hast du da wieder gesagt?«

»Ach ja. Der Elende. Wenn er ausgeschlafen hatte, dann nahm er sie ab und trug sie unterm Arm fort. Als ob man ihm ein Stück davon wegnehmen könnte. Einmal ging ich zu Großmama, und sie sah mich nicht kommen. Wahrscheinlich hatte sie die Brille auf der Nasenspitze und las Anzeigen. Ich gehe also ums Haus herum. Ich gucke nach den Guajavenbäumen, und es ist nichts dran. Da sehe ich Onkel Edmundo, der sich die Hängematte zwischen dem Zaun und einem Orangenbaum ausgespannt hat. Er schnarcht wie ein Schwein. Sein Mund steht halb offen. Die Zeitung ist auf den Boden gefallen. Da meldet sich der Teufel, und ich merke, dass ich eine Streichholzschachtel in der Hosentasche habe. Ganz leise reiße ich einen Streifen von der Zeitung ab. Dann lege ich die übrigen Blätter alle auf einen Haufen und stecke den Streifen als Zündschnur an. Als die Flammen auflodern, grade unter seinem …«

Ich stockte und fragte ernsthaft:

»Portuga, Arsch kann ich doch sagen?«

»Na ja. Es ist so halb ein Schimpfwort, und man sollte es nicht oft gebrauchen.«

»Und was soll man sagen, wenn man eigentlich Arsch sagen möchte?«

»Gesäß.«

»Wie? Das Wort muss ich erst lernen. Es ist schwierig.«

»Gesäß. Ge-säß.«

»Gut. Als es unter dem Gesäß seines Arsches zu brennen anfing, rannte ich weg, durchs Gartentor auf die Straße, und blieb an einem kleinen Loch in der Hecke stehen, um zu gucken, wie es weiterging. Es gab ein großes Geschrei. Der Alte sprang heraus und hob die Hängematte hoch. Großmama kam gelaufen und schimpfte sogar mit ihm: ›Wie oft hab ich dir schon gesagt, dass du nicht rauchen sollst, wenn du in der Hängematte liegst!‹ Und als sie das verbrannte Zeitungspapier sah, schimpfte sie, dass sie das noch gar nicht gelesen hätte.«

Der Portugiese lachte herzlich, und ich war zufrieden, weil ich ihn so vergnügt sah.

»Haben sie dich nicht geschnappt?«

»Sie haben es nicht rausgekriegt. Ich hab es auch nur Bébé erzählt. Wenn sie mich erwischt hätten, sie hätten mir den Sack abgeschnitten.«

»Was hätten sie getan?«

»Na ja, sie hätten mich kastriert.«

Er lachte wieder, und wir guckten auf die Straße. Gelber Staub wehte überall auf, wo der Wagen vorbeifuhr. Ich dachte über etwas nach.

»Portuga, du hast mich doch nicht belogen, nicht?«

»Weswegen denn, kleiner Mann?«

»Sieh mal, ich hab noch nie jemanden sagen hören: Er hat einen Tritt ins Gesäß gekriegt. Hast du das schon mal gehört?« Wieder lachte er.

»Du bist ein Schlaumeier! Hast recht, das hab ich auch noch nie gehört. Machen wir's so: Du vergisst das Gesäß und sagst statt dessen Hintern. Aber lass uns über etwas anderes sprechen, sonst endet es noch damit, dass ich keine Antwort mehr für dich weiß. Sieh dir mal die Landschaft an, da sind immer mehr große Bäume. Wir sind schon ganz nahe am Fluss.«

Er wendete nach rechts und fuhr in einen Seitenweg. Weiter und weiter ging es, und dann hielt er auf einem freien Platz, auf dem nur ein einziger Baum mit riesigen Wurzeln stand. Ich klatschte vor Begeisterung in die Hände.

»Wie schön! Was für ein wunderschöner Platz! Wenn ich mich wieder mit Buck Jones treffe, werd ich ihm sagen, seine Weideplätze und Ebenen sind gar nichts gegen die hier.« Er strich mir mit der Hand übers Haar.

»So möchte ich dich immer sehen. Dass du die guten Träume wirklich erlebst und nicht so viel Wirrwarr im Kopf hast.«

Wir stiegen aus, und ich half, die Sachen in den Schatten des Baumes tragen.

»Kommst du immer allein hierher, Portuga?«

»Fast immer. Siehst du? Ich habe auch einen Baum.«
»Wie heißt er, Portuga? Wer einen so großen Baum hat, der muss ihm auch einen Namen geben.«
Er lächelte und überlegte.
»Eigentlich ist es mein Geheimnis, aber ich will es dir erzählen. Er heißt Königin Carlota.«
»Spricht sie mit dir?«
»Richtig sprechen tut sie nicht. Denn eine Königin spricht nicht direkt mit ihren Untertanen. Aber ich nenne sie immer ›Majestät‹.«
»Was sind Untertanen?«
»Die sind das Volk und tun, was die Königin befiehlt.«
»Bin ich dein Untertan?«
Er brach in ein so schallendes Gelächter aus, dass die Grashalme sich bogen.
»Nein, denn ich bin kein König und befehle gar nichts. Ich werde dich immer bitten, wenn ich etwas möchte.«
»Aber du könntest König sein. Du hast alles, was dazu gehört. Alle Könige sind so dick wie du. Der Pikkönig und der von Kreuz und der von Karo und von Herz. Alle Kartenkönige sind so vornehm wie du, Portuga.«
»Los jetzt! An die Arbeit. Wenn wir so lange schwatzen, fangen wir keinen einzigen Fisch.«
Er nahm eine Angelrute, eine Büchse mit einer Menge Regenwürmer und zog Schuhe und Weste aus. Ohne Weste sah er noch viel dicker aus. Er zeigte auf den Fluss.
»Hier darfst du spielen, da ist das Wasser seicht. Auf die andere Seite kannst du nicht, denn da ist es sehr tief. Jetzt gehe ich dorthin und angle. Wenn du bei mir sein willst, darfst du aber nicht sprechen. Sonst schwimmen die Fische weg.«
Ich ließ ihn an seinem Platz sitzen, vergnügte mich auf meine

Weise und zog auf Entdeckungen aus. Es war herrlich dort am Fluss. Ich watete ins Wasser und sah Scharen kleiner Frösche überall in der Strömung und sah den Sand und die Kieselsteine und die Blätter, die von der Strömung weggetrieben wurden. Ich musste an Gloria denken.

»Lass ab von mir, o Quelle!«
Die Blüte bat's tränenschwer:
»Hier tat ich mich auf der Helle.
Trag mich vom Berg nicht ins Meer!

Ach Zweig, der schwingend immer
Sanft schaukelnde Wiege mir war!
Ihr Tautropfen, ach, voller Schimmer,
Die das Blau des Himmels gebar!«

Doch eilend, kalt und schnelle,
Und murmelnd ungerührt,
Hat über den Sand die Quelle
Achtlos die Blüte entführt.

Gloria hatte recht. Etwas Schöneres konnte es gar nicht geben. Schade, dass ich ihr nicht erzählen konnte, wie sehr dieses Gedicht lebte und wie lebendig ich es vor mir sah. Nicht mit einer Blüte zwar, aber mit einer Menge kleiner Blätter, die von den Bäumen gefallen waren und nun forttrieben zum Meer. Ob der Fluss, ob dieser Fluss auch ins Meer ging? Ich könnte Portuga fragen. Nein, ich würde ihn ja beim Angeln stören.
Aber das Ergebnis der ganzen Angelei bestand schließlich nur aus zwei Fischen, und es tat uns obendrein leid, dass sie gefangen worden waren.

Die Sonne stand hoch. Mein Gesicht glühte, so viel hatte ich gespielt und mich mit den lebendigen Dingen unterhalten. Da kam Portuga von seinem Angelplatz und rief mich. Ich lief schnell wie ein kleiner Ziegenbock zu ihm.

»Was bist du schmutzig, kleiner Mann!«

»Ich hab so viel gespielt und auf dem Boden gelegen. Ich hab im Wasser geplanscht ...«

»Wir wollen essen. Aber du bist dreckig wie ein Ferkel, so kannst du nicht essen! Los, zieh dich aus und tauch mal hier im flachen Wasser unter!«

Ich zögerte, ich mochte nicht gehorchen.

»Ich kann nicht schwimmen.«

»Das brauchst du auch gar nicht. Mach zu, ich bleib in der Nähe.«

Ich blieb stehen. Ich wollte nicht, dass er sah ...

»Du willst mir doch nicht sagen, dass du dich genierst, dich vor mir auszuziehen?«

»Nein. Das nicht ...«

Ich sah keinen Ausweg. Ich drehte ihm den Rücken zu und fing an, mich auszuziehen. Erst das Hemd, dann die Hose mit den Stoffhosenträgern. Ich warf alles auf die Erde und wendete mich mit einem flehenden Blick wieder zu ihm um. Er sagte auch nichts, aber Schrecken und Empörung standen in seinen Augen. Ich hatte nicht gewollt, dass er all die Flecken, die Striemen und die Narben sah, die von den Prügeln zurückgeblieben waren. Er murmelte:

»Wenn es dir weh tut, geh nicht ins Wasser.«

»Jetzt tut es nicht mehr weh.«

Wir aßen Eier, Bananen, Wurst, Brot und getrocknete Bananen, aber die mochte nur ich. Wir gingen zum Fluss, um Wasser zu trinken, und kehrten unter die Zweige der Königin Carlota zurück. Er wollte sich schon hinsetzen, aber ich bat ihn durch ein Zeichen, zu warten. Ich legte die Hand auf die Brust und machte dem Baum eine Verbeugung.

»Majestät, Euer Untertan, der Ritter Manuel Valadares und der mächtigste Krieger der Pinagé: Wir möchten uns zu Euren Füßen niederlassen.«

Lachend setzten wir uns.

Portuga streckte sich auf dem Boden aus, legte seine Weste über eine Baumwurzel und sagte:

»Jetzt wirst du einen Mittagsschlaf halten.«

»Aber dazu hab ich doch keine Lust!«

»Das spielt keine Rolle. Einen solchen Tollkopf wie dich kann ich nicht allein hier herumspringen lassen.«

Er legte mir den Arm über die Brust und machte mich zu seinem Gefangenen. Lange Zeit blieben wir still und sahen nur den Wolken zu, die zwischen den Zweigen dahinzogen. Der Augenblick war gekommen. Tat ich's jetzt nicht, so tat ich's nie mehr.

»Portuga?«

»Hm ...«

»Schläfst du schon?«

»Noch nicht.«

»Ist das wahr, was du im Café zu Senhor Ladislau gesagt hast?«

»Ach, was hab ich nicht schon alles im Café zu Senhor Ladislau gesagt!«

»Es war etwas über mich. Ich hab es gehört. Vom Auto aus.«

»Und was hast du gehört?«

»Dass du mich sehr lieb hast?«

»Klar, dass ich dich lieb hab. Musst du das fragen?«

Jetzt drehte ich mich um, ohne mich von seinem Arm freizumachen. Ich betrachtete seine halb geschlossenen Augen. Sein

Gesicht sah so noch dicker aus und ähnelte noch mehr dem eines Königs.

»Nein, aber ich möchte ganz richtig wissen, ob du mich lieb hast.«

»Natürlich, du Dummer.«

Und er drückte mich an sich, um zu beweisen, was er gesagt hatte.

»Ich hab schwer nachgedacht. Du hast nur die eine Tochter in Encantado, nicht?«

»Ja.«

»Du wohnst ganz allein in dem Haus mit den beiden Vogelkäfigen, nicht?«

»Ja.«

»Du hast mir erzählt, dass du keine Enkel hast, nicht?«

»Ja.«

»Und du hast gesagt, dass du mich lieb hast, nicht?«

»Ja.«

»Warum gehst du dann nicht zu mir nach Haus und bittest Papa, mich dir zu geben?«

Er war so erschüttert, dass er sich aufsetzte und mein Gesicht zwischen seine beiden Hände nahm.

»Würdest du denn gern mein Sohn sein?«

»Man kann sich ja seinen Vater nicht aussuchen, bevor man geboren wird. Aber wenn man es könnte, dann wollte ich dich haben.«

»Wirklich, kleiner Mann?«

»Das kann ich dir sogar schwören. Und außerdem, für mich brauchten sie dann zu Hause kein Essen mehr. Ich verspreche dir, ich sage nie mehr Schimpfwörter, nicht einmal ›Arsch‹. Ich putz dir die Schuhe und füttere die Vögel im Käfig. Ich bin ganz, ganz brav. Es wird keinen besseren Schüler in der Schule geben. Ich mach alles, alles ganz ordentlich.«

Er wusste gar nicht, was er antworten sollte.
»Zu Hause sind sie selig, wenn sie mich los sind. Das ist doch nur eine Erleichterung für sie. Ich habe eine Schwester zwischen Gloria und Antonio, die in den Norden weggegeben wurde. Dort lebt sie bei einer reichen Kusine, damit sie eine Ausbildung kriegt und was Besseres wird ...«
Das Schweigen dauerte an, und Portugas Augen waren voller Tränen.
»Wenn sie mich nicht hergeben wollen, dann kauf mich. Papa hat kein Geld. Ich garantiere dir, er verkauft mich. Wenn er sehr viel haben will, dann kannst du mich auf Abzahlung kaufen, so wie Senhor Jacob seine Geschäfte macht ...« Als er nicht antwortete, legte ich mich wieder zurück, und er auch.
»Weißt du, Portuga, wenn du mich nicht haben willst, das schadet auch nichts. Ich will nur nicht, dass du weinst.«
Lange strich er mir übers Haar.
»Das ist es nicht, mein Kind. Das nicht. Man kann aber über ein Leben nicht so mit einer einzigen Handlung entscheiden. Trotzdem will ich dir etwas vorschlagen. Ich kann dich zwar weder von deinen Eltern noch aus deinem Zuhause wegholen, auch wenn ich das noch so gern täte. Es wäre nicht recht. Aber von nun an will ich dich, den ich lieb habe wie meinen eigenen Sohn, behandeln, als wärest du wirklich mein Kind.«
Überglücklich stand ich auf.
»Wirklich, Portuga?«
»Ich kann es dir sogar schwören, wie du immer sagst.«
Da tat ich etwas, was ich zu Hause selten tat oder tun mochte. Ich küsste sein dickes, gütiges Gesicht ...

AUS VIELEN TEILEN BAUT SICH DIE ZUNEIGUNG AUF

»Und keiner von ihnen konnte sprechen? Auf keinen konntest du klettern wie auf ein Pferd, Portuga?«

»Nein.«

»Dann warst du damals also kein Kind mehr?«

»Doch. Aber nicht jedes Kind ist so glücklich, die Bäume zu verstehen. Und es mögen auch nicht alle Bäume reden.«

Er lachte liebevoll und fuhr fort:

»Es waren eigentlich keine Bäume, es waren Rebstöcke, und ehe du mich danach fragst, will ich's dir gleich erklären: Rebstöcke sind die Weinbäume, an denen die Weintrauben wachsen. Sie sind nur dicke Rankpflanzen. Wie schön das war, wenn die Weinlese kam« – hier gab er mir eine Erklärung – »und man den Wein kelterte!« (Wieder erklärte er's mir.)

Offenbar hatte er ein großes Wissen und konnte es gut weitergeben. Genau wie Onkel Edmundo. »Erzähl mehr.«

»Magst du es hören?«

»Sehr, sehr gern! Wenn es ginge, unterhielte ich mich mit dir achthundertzweiundfünfzigtausend Kilometer lang, ohne aufzuhören!«

»Und wer zahlt das Benzin dafür?«

»Das wäre ja bloß ein ›Wenn-es-ginge‹-Benzin.«

Da erzählte er mir, wie aus dem Gras Heu wird für den Winter. Und wie man Käse macht. In seiner Aussprache klangen die Worte ungewöhnlich, aber ich fand das viel schöner …

Er hielt im Erzählen inne und seufzte.

»Sehr bald möchte ich dorthin zurückkehren. Vielleicht, um da in Frieden meine alten Tage zu verbringen in einem ruhigen, hübschen Ort. Folhadela, ganz dicht bei Monreal, in meinem schönen Trás-os-Montes.«

Erst jetzt fiel es mir richtig auf, dass Portuga älter war als Papa, wenn auch sein dickes Gesicht, das immer glänzte, weniger Falten hatte. Etwas Wunderliches ging in mir vor. »Ist das dein Ernst?«

Nun erst bemerkte er meine Enttäuschung.

»Du Dummkopf, das dauert ja noch lange. Vielleicht wird nie was draus.«

»Und ich? Gerade jetzt, wo du so zu mir bist, wie ich's mir immer gewünscht hab!«

Ich war so mutlos, dass sich meine Augen mit Tränen füllten.

»Aber du musst doch erlauben, dass manchmal auch ich träumen darf.«

»Schon, nur hast du mich nicht mitgenommen in deinen Traum.«

Er lächelte.

»Du bist in allen meinen Träumen, Portuga. Wenn ich mit Tom Mix und Fred Thompson über die grünen Prärien reite, dann habe ich schon eine Kutsche gemietet, damit du fahren kannst und nicht zu müde wirst. Du bist überall, wohin ich gehe. Manchmal in der Schulstunde schau ich auf die Tür und denke, du kommst gleich rein und winkst mir zu …«

»Heiliger Gott! Ich habe noch keine Menschenseele gesehen, die so ausgehungert war nach Zuneigung und Zärtlichkeit wie du. Aber du solltest dich nicht so fest an mich klammern, weißt du?«

Dies alles berichtete ich Knirps. Knirps war noch versessener aufs Schwatzen als ich.

»Aber eins ist sicher, Bébé: Seit ich sein Kind bin, hab ich einen Vater, der was von mir hält. Alles, was ich mache, findet er gut. Aber gut auf eine andere Art. Nicht so wie die, die sagen: Der Junge wird es noch weit bringen. Er bringt es weit, aber wann komme ich je von Bangu weg!«

Ich blickte Knirps zärtlich an. Jetzt, da ich erfahren hatte, was echte Zuneigung bedeutet, war ich liebevoll zu allen, die ich gern hatte.

»Hör zu, Knirps, ich möchte zwölf Kinder haben und noch mal zwölf. Verstehst du? Die ersten sollen alle richtige Kinder sein und nie Haue kriegen. Die anderen zwölf sollen große Leute werden. Und dann knöpfe ich sie mir vor und frage sie: Was möchtest du werden, mein Sohn? Holzfäller? Hier hast du eine Axt und ein kariertes Hemd. Du willst Dompteur im Zirkus werden? Schön. Hier sind die Peitsche und das Kostüm ...«

»Wie willst du es denn an Weihnachten machen, wenn du so viele Kinder hast?«

Was musste Knirps auch wieder einfallen! Mich in einem solchen Augenblick zu unterbrechen!

»Weihnachten wird es an Geld nicht fehlen. Da kaufe ich einen Lastwagen voll Kastanien und Haselnüsse, Walnüsse, Feigen und Rosinen. So viel Spielzeug, dass sie davon sogar den armen Nachbarn schenken und leihen können ... Und ich werde sehr viel Geld haben, denn von jetzt an will ich reich werden, sehr reich, und ich werde auch noch in der Lotterie gewinnen.«

Ich sah Knirps herausfordernd an und doch voll Tadel, weil er mich unterbrochen hatte.

»Jetzt lass mich den Rest erzählen, denn es sind noch viele Söhne übrig. Gut, mein Sohn, du willst Viehtreiber werden? Hier sind der Sattel und das Lasso. Du möchtest Lokomotivführer vom Mangaratiba sein? Hier die Mütze und die Pfeife ...«

»Wofür die Pfeife, Sesé. Du wirst noch durchdrehen, so viel redest du mit dir selber.«

Totoca war gekommen und hatte sich in meiner Nähe niedergehockt. Mit einem freundlichen Lächeln musterte er meinen kleinen Orangenbaum voller Kronenkorken und Bänder. Er wollte etwas.

»Sesé, leihst du mir vier Zehner?«

»Nein.«

»Aber du hast sie doch, nicht?«

»Ja.«

»Und dann sagst du, du willst sie mir nicht leihen, und dabei weißt du doch nicht mal, wofür ich sie brauche.«

»Ich will sehr reich werden, damit ich nach Trás-os-Montes reisen kann.«

»Was für ein Unsinn ist das jetzt?«

»Erzähl ich nicht.«

»Dann verschluck dich dran.«

»Ich verschluck's und leih dir die vierzig nicht.«

»Du bist ein Hamster, du kannst gut zielen. Morgen spielst du und gewinnst mehr Murmeln. Die kannst du verkaufen und hast die vierzig gleich wieder.«

»Trotzdem leih ich dir nichts, und komm mir nicht mit Streit, weil ich bin lieb und tu niemand was.«

»Ich will ja gar nicht mit dir streiten. Aber es ist nun mal so, dass du der Bruder bist, den ich am liebsten hab. Und plötzlich zeigst du dich als ein so herzloses Ungeheuer ...«

»Gar kein Ungeheuer bin ich. Ich bin jetzt ein Troglodyt ohne Herz.«

»Was bist du?«

»Ein Troglodyt. Onkel Edmundo hat mir ein Bild in einer Zeitschrift gezeigt. Da war ein großer haariger Affe drauf mit einem

Knüppel in der Hand. Ja. Troglodyten waren Menschen, die lebten, als die Welt anfing, in Höhlen von … von … von … ich weiß nicht mehr. Ich hab den Namen nicht behalten, der war ausländisch und zu schwierig …«

»Onkel Edmundo sollte dir nicht so viel dummes Zeug beibringen. Aber willst du's mir nicht doch leihen?«

»Ich weiß nicht einmal, ob ich's habe …«

»Mensch, Sesé, wie oft gehen wir zusammen Schuhe putzen, und du verdienst gar nichts, aber wir teilen dann das Geld. Wie oft, wenn du müde bist, trage ich deinen Kasten …«

Das stimmte. Totoca war nur selten gemein zu mir. Ich wusste auch genau, dass ich's ihm leihen würde.

»Wenn du es mir gibst, erzähle ich dir zwei wunderschöne Sachen.«

Ich schwieg.

»Ich sage dir, dein Orangenbaum ist viel hübscher als meine Tamarinde.«

»Wirklich?«

»Ich habe es doch schon gesagt.«

Ich steckte die Hand in die Hosentasche und klimperte mit den Münzen.

»Und die andere?«

»Weißt du, Sesé, das ganze Elend hier wird aufhören. Papa hat eine Stellung gefunden als Leiter der Fabrik von Santo Aleixo. Wir werden wieder reiche Leute. Ha! Freust du dich nicht?«

»Ja, das tu ich, für Papa. Aber ich möchte nicht von Bangu weg. Ich wohne dann bei Großmama. Von hier geh ich nur weg, um nach Trás-os-Montes zu ziehen …«

»Versteh schon. Du magst wohl lieber bei Großmama bleiben und jeden Monat Abführmittel einnehmen, als mit uns zu gehen?«

»Ja. Und du wirst nie erfahren, weshalb … Und die andere Sache?«
»Ich kann dir das hier nicht sagen. Da ist jemand, der es nicht hören darf.«
Wir gingen weg, in die Nähe des Schuppens. Aber selbst hier sprach er leise.
»Ich muss dich auf was vorbereiten, Sesé. Damit du dich an den Gedanken gewöhnst. Die Stadt will die Straßen verbreitern. Die ganzen Gräben sollen zugeschüttet und der hintere Teil der Grundstücke einbezogen werden.«
»Was macht das?«
»Du, der du so gescheit bist, hast das nicht begriffen? Das heißt, wenn sie die Straßen verbreitern, müssen sie das da umhauen.«
Er zeigte auf den Platz, wo mein Orangenbaum stand.
Ich verzog den Mund zum Weinen.
»Du lügst, nicht wahr, Totoca?«
»Mach nicht so ein Heulgesicht. Bis dahin wird's noch lange dauern.«
Meine Finger zählten unruhig die kleinen Münzen in der Hosentasche.
»Du hast gelogen, nicht, Totoca?«
»Nein. Es ist die reine Wahrheit. Aber bist du nun ein Mann, oder bist du keiner?«
»Doch.«
Aber die Tränen strömten mir gegen meinen Willen aus den Augen. Ich legte meine Arme um ihn und flehte:
»Du bist auf meiner Seite, nicht, Totoca? Ich will eine Menge Leute zusammenrufen, und dann machen wir Krieg. Niemand darf meinen Orangenbaum umhauen.«
»In Ordnung. Wir erlauben es nicht. Und jetzt, gibst du mir das Geld?«

»Wofür ist es denn?«
»Du darfst ja nicht ins Kino Bangu. Dort läuft ein Tarzan-Film. Hinterher erzähl ich dir alles.«
Ich nahm einen silbernen Fünfziger. Den gab ich ihm, während ich mir mit dem Hemdzipfel die Augen trocknete.
»Du kannst den Rest behalten. Für Bonbons.«
Ich kehrte zu meinem Orangenbaum zurück. Ich wollte nicht reden, mich nur an den Tarzan-Film erinnern. Ich hatte ihn schon am Vortag gesehen. Ich war bei Portuga gewesen und hatte ihm davon erzählt.
»Möchtest du hingehen?«
»Ich möchte schon, aber ich darf ja nicht ins Kino Bangu rein.«
Ich rief ihm ins Gedächtnis zurück, weshalb ich nicht durfte. Er lachte.
»Hast du dir das nicht ausgedacht?«
»Ich schwör es dir, Portuga. Aber ich glaube, wenn ein Großer mit mir geht, dann sagt niemand was.«
»Und wenn dieser ›Große‹ ich wäre ... Ist es das, was du möchtest?«
Mein Gesicht strahlte vor Freude.
»Aber ich muss arbeiten, mein Sohn.«
»Um diese Zeit ist doch nie was los. Statt dass du dich unterhältst oder im Auto döst, siehst du, wie Tarzan mit Leoparden, Krokodilen und Gorillas kämpft. Weißt du, wer den Tarzan spielt? Frank Merrill!«
Er war immer noch unentschlossen.
»Du bist ein Schlaumeier. Weißt für alles Mittel und Wege.«
»Es sind doch bloß zwei Stunden. Und du bist schon so reich, Portuga.«
»Also gehen wir. Aber zu Fuß. Ich lass das Taxi hier.«

Und wir gingen. Doch die Frau am Schalter sagte, sie habe die feste Weisung, mich ein Jahr lang nicht reinzulassen.
»Ich übernehme die Verantwortung für ihn. Das war früher mal, jetzt ist er schon ganz vernünftig.«
Die Frau am Schalter sah mich an, und ich lächelte ihr zu. Ich nahm die Eintrittskarte und warf ihr eine Kusshand zu.
»Pass auf, Sesé, wenn du dich schlecht benimmst, verliere ich meine Stelle.«
Davon hatte ich Knirps eigentlich nicht erzählen wollen, aber es dauerte nicht lange, da tat ich es doch.

DER MANGARATIBA

Dona Cecilia Paim fragte, wer an die Wandtafel kommen wolle, um einen Satz zu schreiben. Es müsse ein Satz sein, den der Schüler selbst gebildet habe. Keiner traute sich. Mir fiel etwas ein, und ich hob den Finger.

»Komm, Sesé!«

Ich stand von meinem Pult auf und ging zur Wandtafel, wobei ich voller Stolz hörte, wie sie sagte:

»Habt ihr es gesehen? Ausgerechnet der Kleinste von allen!«

Ich reichte nicht mal bis zur Mitte der Tafel. Ich nahm die Kreide und gab mir große Mühe mit den Buchstaben, als ich schrieb: *In wenigen Tagen sind Ferien.*

Ich guckte zu ihr hin, ob ich wohl einen Fehler gemacht hätte. Sie lächelte anerkennend, und auf ihrem Tisch stand das leere Glas. Leer, aber mit der Rose drin, die sie sich vorstellte, wie sie gesagt hatte. Es war wohl, weil Dona Cecilia Paim nicht so hübsch aussah, dass ihr selten jemand eine Blume mitbrachte.

Ich ging zu meinem Pult zurück, zufrieden mit meinem Satz. Zufrieden, weil ich in den Ferien nach Herzenslust mit Portuga zusammen sein wollte.

Nachher erklärten sich auch andere bereit, Sätze zu schreiben. Aber der Held war ich gewesen.

Jemand bat um Entschuldigung, weil er erst jetzt in die Klasse kam. Verspätet. Es war Jeronimo. Er sah verstört aus und setzte sich gerade hinter mich. Er legte seine Bücher geräuschvoll hin und sagte etwas zu seinem Nachbarn. Ich achtete nicht genau darauf. Ich wollte aufpassen und lernen, um einmal ein Gelehrter zu werden. Aber ein Wort der geflüsterten Unterhaltung ließ mich aufhorchen. Sie sprachen vom Mangaratiba.

»Er hat den Wagen erfasst?«

»Den großen Wagen. Den schönen von Senhor Manuel Valadares.«

Wie vom Blitz getroffen drehte ich mich um.

»Was hast du da gesagt?«

»Ich hab gesagt, der Mangaratiba hat beim Übergang der Rua da Chita den Wagen des Portugiesen erfasst. Deshalb bin ich so spät gekommen. Der Zug hat das Auto ganz zertrümmert. Alles ist voll von Menschen. Sie haben sogar die Feuerwehr aus Realengo gerufen.«

Kalter Schweiß brach mir aus, und mir wurde dunkel vor den Augen.

Jeronimo fuhr fort, die Fragen seines Nachbarn zu beantworten.

»Ob er tot ist, weiß ich nicht. Kinder dürfen nicht in die Nähe.«

Völlig benommen stand ich auf. Mein Körper war nass von kaltem Schweiß, und mir wurde sehr übel. Ich ging vom Pult weg und auf die Ausgangstür zu. Ich nahm das Gesicht von Dona Cecilia Paim kaum wahr, die auf mich zutrat, vielleicht erschrocken über meine Blässe.

»Was hast du, Sesé?«

Aber ich konnte nicht antworten. Meine Augen füllten sich mit Tränen. Ich war wie von Sinnen und fing an zu laufen, lief kopflos weiter und immer weiter. Ich kam ins Freie und dachte an nichts, auch nicht an die Autos auf der Landstraße. Nur laufen wollte ich, laufen und hinkommen. Mein Herz tat mir mehr weh als der Magen, und ich rannte, ohne anzuhalten. Ich kam zum Café und warf einen Blick auf die geparkten Wagen, um zu sehen, ob Jeronimo nicht doch gelogen hatte. Aber unser Wagen war nicht dort. Laut stöhnend fing ich wieder an zu laufen. Die starken Arme von Senhor Ladislau packten mich.

»Wohin willst du, Sesé?«

Die Tränen liefen mir übers Gesicht. »Ich will hin.«

»Du bleibt hier.«

Wie ein Wahnsinniger suchte ich freizukommen, aber es gelang mir nicht.

»Sei ruhig, Kind. Ich lass dich nicht hin.«

»Dann hat der Mangaratiba ihn umgebracht.«

»Nein. Der Unfallwagen ist schon gekommen. Nur das Auto ist ziemlich kaputt.«

»Sie lügen, Senhor Ladislau.«

»Warum sollte ich lügen? Hab ich nicht gesagt, dass der Zug das Auto erfasst hat? Also. Sobald er im Krankenhaus Besuch haben darf, gehe ich mit dir hin, das verspreche ich dir. Und jetzt trinken wir ein Glas Saft.«

Er nahm sein Taschentuch und wischte mir den Schweiß ab.

»Ich muss mich ein bisschen übergeben.«

Ich lehnte mich an die Wand, und er half mir und hielt mir den Kopf.

»Geht es jetzt besser, Sesé?«

Ich nickte.

»Ich bring dich nach Hause, willst du?«

Ich schüttelte den Kopf und machte mich ganz langsam auf den Weg. Ich war völlig verstört. Ich *wusste* die ganze Wahrheit. Der Mangaratiba kannte kein Mitleid. Er war der stärkste Zug, den es gab.

Ich übergab mich noch zweimal, aber niemand kümmerte sich um mich.

Ich ging nicht in die Schule zurück. Blindlings tat ich, was mein Herz verlangte. Ich schluchzte. Immer wieder musste ich mir das Gesicht am Schulhemd abtrocknen. Nie mehr würde ich meinen Portuga wiedersehen. Nie mehr. Er war fort. Ich ging und ging. Ich hielt an der Stelle der Straße an, wo er mir erlaubt hatte, ihn Portuga zu nennen, und wo er mich als Fledermaus hatte fahren lassen. Ich setzte mich auf einen Baumstamm und kroch ganz in mich zusammen, das Gesicht auf den Knien.

Eine maßlose Erbitterung machte sich plötzlich Luft:

»Du bist gemein, Jesuskind! Ich hatte gedacht, diesmal würdest du als Gott auf die Welt kommen, und wie bist du zu mir? Warum magst du mich nicht leiden wie die anderen Kinder? Ich bin doch so brav geworden. Hab nie mehr gerauft, meine Schulaufgaben alle gemacht, keine hässlichen Wörter gesagt, nicht einmal Arsch. Warum tust du mir das an, Jesuskind? Sie wollen meinen Orangenbaum abhauen, und nicht einmal darüber habe ich geschimpft. Nur ein bisschen geweint ... Und jetzt ... und jetzt ...«

Eine neue Sturzflut von Tränen.

»Ich will meinen Portuga wiederhaben, Jesuskind! Du musst mir meinen Portuga zurückgeben ...«

Da hörte ich in meinem Herzen eine ganz leise, sanfte Stimme. Es muss wohl die mitfühlende Stimme des Baumes gewesen sein, auf den ich mich da gesetzt hatte:

»Weine nicht, Kleiner. Er ist jetzt im Himmel.«

Es wurde dunkel. Völlig entkräftet, ohne mich noch weiter übergeben oder weinen zu können, saß ich auf der Stufe zum Hauseingang von Dona Helena Villas-Boas, als Totoca mich fand.

Er sprach zu mir, aber ich stöhnte nur.

»Was hast du, Sesé. Sag doch.«

Aber ich stöhnte bloß weiter. Totoca legte seine Hand auf meine Stirn.
»Du glühst ja von Fieber. Was ist los, Sesé? Komm mit, wir gehen nach Hause. Ich helf dir, und wir gehen ganz langsam.«
Von Stöhnen unterbrochen brachte ich heraus:
»Lass, Totoca. Ich geh nicht mehr in das Haus.«
»Doch, natürlich. Es ist ja unser Haus.«
»Ich gehöre da nicht mehr hin. Alles ist aus.«
Er versuchte mir hochzuhelfen, aber er sah, dass ich keine Kraft hatte. Da legte er sich meine Arme um den Hals und trug mich nach Hause. Er brachte mich gleich zu Bett.
»Jandira! Gloria! Wo seid ihr denn alle?«
Er fand Jandira im Nachbarhaus.
»Jandira, Sesé ist sehr krank.«
Murrend kam sie herbei.
»Er stellt sich mal wieder an. Ein paar feste hintendrauf ...«
Aber Totoca ging aufgeregt ins Zimmer.
»Nein, Jandira. Diesmal ist er sehr krank und wird sterben ...«

Drei Tage und drei Nächte lang lag ich einfach nur so da, und das Fieber fraß an mir. Wenn sie versuchten, mir etwas zu essen oder zu trinken zu geben, erbrach ich mich. Ich verfiel zusehends. Reglos lag ich Stunde um Stunde, den Blick auf die Wand gerichtet.
Ich hörte, was sie rings um mich sprachen. Ich verstand alles, aber ich mochte nicht antworten. Ich wollte nicht reden.
Ich hatte nur einen Wunsch: so schnell wie möglich in den Himmel zu kommen.
Gloria zog in mein Zimmer und verbrachte die Nächte bei mir. Sie ließ das Licht an. Alle waren sie lieb zu mir. Großmama wohnte sogar einige Tage bei uns.

Totoca saß stundenlang mit angstvoll aufgerissenen Augen bei mir und sagte hin und wieder:
»Es war gelogen, Sesé. Du kannst es mir glauben. Es war alles Gemeinheit. Sie werden doch die Straße gar nicht verbreitern ...«
Das Haus lag in Schweigen gehüllt, als käme schon der Tod mit kaum hörbaren Schritten. Sie vermieden jeden Lärm. Alle sprachen leise. Mama verbrachte fast die ganze Nacht in meiner Nähe. Und ich konnte ihn nicht vergessen. Sein Lachen. Seine Redeweise. Die Grillen draußen ahmten das Ritsche-Ratsche nach, das er beim Rasieren machte. Ich konnte nicht davon lassen, an ihn zu denken.
Jetzt erst wusste ich wirklich, was Schmerz war. Schmerz war nicht, wenn man Prügel bekam, bis man umfiel.
War nicht, wenn man den Fuß mit einer Glasscherbe zerschnitt und ihn dann in der Apotheke genäht kriegte. Schmerz war, wenn das ganze Herz so weh tat, dass man nur noch sterben wollte, ohne irgendjemand davon erzählen zu können. Schmerz war, wenn den Armen der Schwung, dem Denken die Kraft verloren ging und der Wille nicht mehr ausreichte, den Kopf aus dem Kissen zu drehen.
Und es wurde schlimmer. Ich war nur noch Haut und Knochen. Sie riefen den Arzt. Doktor Faulhaber kam und untersuchte mich. Er fand die Ursache schnell.
»Das war ein Schock. Eine schwere seelische Erschütterung. Er wird es nur überleben, wenn es ihm gelingt, den Schock zu bewältigen.«
Gloria begleitete den Arzt nach draußen und sagte:
»Es war wirklich ein Schock, Doktor. Seit er erfuhr, dass der Orangenbaum gefällt würde, war er so.«
»Dann müsst ihr ihn davon überzeugen, dass das nicht stimmt.«

»Das haben wir schon auf jede Art und Weise versucht, aber er glaubt es nicht. Für ihn ist der Orangenbaum eine Person. Er ist ein sehr eigenartiger Junge. Sehr sensibel und frühreif.«

Ich hörte alles, und mir fehlte auch weiterhin jeder Wille zum Leben. Ich wollte in den Himmel, und kein Lebender konnte dorthin gelangen.

Sie kauften Medikamente, aber ich brach sie immer wieder aus.

Da geschah etwas sehr Schönes. Die Straße geriet in Bewegung und besuchte mich. Die Leute vergaßen, dass ich der Teufel in Person gewesen war. Es kam Senhor »Hunger und Elend« und brachte mir Süßigkeiten. Die schwarze Eugenia schenkte mir Eier und besprach meinen Bauch, damit das Brechen aufhören sollte.

»Der Sohn von Senhor Paulo liegt im Sterben ...«

Sie sagten mir lauter schöne Dinge.

»Du musst wieder gesund werden, Sesé. Ohne dich und deine Streiche ist auf der Straße gar nichts mehr los.«

Dona Cecilia Paim kam mich besuchen und brachte mir meine Schultasche mit und eine Blume. Da musste ich nur wieder weinen. Sie erzählte, wie ich aus der Schulstunde weggelaufen war, doch sonst wusste sie nichts.

Aber ein ganz großer Kummer war es, als Senhor Ariovaldo erschien. Ich erkannte seine Stimme und tat, als schliefe ich.

»Warten Sie draußen, bis er aufwacht.«

Er setzte sich und unterhielt sich mit Gloria.

»Hören Sie, Dona, ich habe an allen Ecken und Enden gefragt, bis ich das Haus fand.«

Er schnaufte ausgiebig.

»Die kleine Unschuld darf nicht sterben, nein. Lassen Sie es nicht zu, Dona! Für Sie hat er doch immer die Heftchen mitgenommen, nicht?«

Gloria konnte fast nicht antworten.
»Nein, Dona, Sie dürfen das Kerlchen nicht sterben lassen. Wenn etwas mit ihm passiert, komme ich nie wieder in dieses unselige Bangu.«
Als er zu mir ins Zimmer kam, setzte er sich dicht ans Bett und legte meine Hand an sein Gesicht.
»Hör zu, Sesé, du musst wieder gesund werden und mit mir zusammen singen. Ich habe beinahe nichts mehr verkauft. Alle Welt fragt: He, Ariovaldo, wo ist denn dein kleiner Kanarienvogel? Versprichst du mir, dass du wieder gesund wirst? Versprichst du's?«
Meine Augen hatten nur noch die Kraft, sich mit Tränen zu füllen, und weil ich nicht aufgeregt werden durfte, führte Gloria, als sie das sah, Senhor Ariovaldo hinaus.

Nach und nach ging es mir besser. Schon konnte ich ein wenig schlucken und das Essen im Magen behalten. Nur wenn die Erinnerungen mich überfielen, stieg das Fieber und der Brechreiz kehrte zurück, und mit ihm kamen Schüttelfrost und kalter Schweiß. Manchmal gelang es mir einfach nicht, das Bild des Mangaratiba abzuwehren, wie er herangebraust kam und ihn zermalmte. Ich bat das Gotteskind, wenn es auch nur ein bisschen was für mich übrig hatte, dann möge es doch gemacht haben, dass er nicht leiden musste.
Gloria kam und strich mir mit der Hand über den Kopf.
»Wein doch nicht, Gum! All das geht vorbei. Wenn du möchtest, schenke ich dir meinen ganzen Mangobaum. Niemand wird je drangehen.«
Aber was sollte ich mit einem alten, morschen Mangobaum anfangen, der nicht einmal mehr Früchte trug? Sogar mein kleiner Orangenbaum würde ja bald, sehr bald seinen Zauber verlieren

und ein ganz gewöhnlicher Baum werden wie jeder andere … Falls man dem Armen überhaupt Zeit dafür ließe.

Wie war es doch für manche leicht, zu sterben. Da brauchte bloß ein böser Zug heranzubrausen, und schon war es geschehen. Und wie schwer war es für mich, in den Himmel zu kommen. Alle hielten mich an den Beinen fest, sodass ich nicht fort konnte.

Glorias Güte und ihre Pflege brachten es so weit, dass ich wieder ein bisschen zu reden anfing. Sogar Papa ging abends nicht mehr aus. Totoca litt so sehr unter seinen Gewissensbissen, dass er ganz mager wurde, und Jandira schnitt ihm eine Fratze:

»Ist nicht einer schon genug, Totoca?«

»Du steckst nicht in meiner Haut und kannst es nicht fühlen. Ich war es, der's ihm gesagt hat. Sogar wenn ich schlafe, spüre ich, wie er sein Gesicht an mich drückt und weint und weint …«

»Jetzt fang nicht du auch noch an zu weinen. Du bist schon ein Mann, und er wird am Leben bleiben. Lass das und lauf eben und kauf mir eine Dose Kondensmilch im ›Hunger und Elend‹.«

»Dann gib mir das Geld, denn die borgen Papa nichts mehr …«

Ich war so geschwächt, dass ich fast immer schlief. Ich wusste nicht mehr, ob Tag war oder Nacht. Das Fieber ließ nach, und Schüttelfrost und Erregungszustände wurden immer seltener. Ich öffnete die Augen, und im Halbdunkel erkannte ich Gloria, die mich nie allein ließ. Sie hatte den Schaukelstuhl ins Zimmer getragen und schlief oft vor Übermüdung ein.

»Gloria, ist schon Nachmittag?«

»Beinahe, mein Herz.«

»Willst du mal das Fenster aufmachen?«

»Tut dir dann nicht der Kopf weh?«

»Ich glaub nicht.«

Das Licht fiel herein, und ich konnte ein Stück klaren Himmel sehen. Ich schaute den Himmel an und brach in Tränen aus.
»Was soll das, Sesé? Solch einen schönen blauen Himmel hat das Jesuskind für dich gemacht. Es hat's mir heute gesagt ...«
Sie wusste nicht, was der Himmel für mich bedeutete. Sie beugte sich über mich, nahm meine Hände und sprach zu mir, um mich aufzuheitern. Ihr Gesicht war bedrückt und abgemagert.
»Hör, Sesé, bald bist du gesund. Dann lässt du wieder Drachen steigen und gewinnst viele, viele Murmeln, kletterst auf Bäume und reitest mit Knirps aus. Das möchte ich wieder sehen. Und wie du Lieder singst und mir die Texthefte mitbringst. All diese schönen Sachen! Hast du gehört, wie traurig die ganze Straße ist? Allen fehlst du mit deiner Lebhaftigkeit und deinem Übermut ... Aber du musst mithelfen. Du musst leben, leben und leben!«
»Weißt du, Gloria, ich will nicht mehr. Wenn ich gesund werde, dann bin ich wieder schlimm. Du verstehst das nicht. Aber ich hab niemanden mehr, für den ich lieb sein kann.«
»Du musst ja auch nicht so sehr lieb sein. Sei ein Junge, sei ein Kind, wie du es immer gewesen bist!«
»Wozu denn, Gloria? Damit alle mich wieder so viel verdreschen? Damit alle mich quälen und piesacken ...?«
Sie nahm mein Gesicht zwischen ihre Hände und sagte:
»Hör zu, Gum. Eins schwöre ich dir. Wenn du wieder gesund bist, dann wird niemand, *niemand*, nicht einmal Gott, die Hand gegen dich erheben. Da müssen sie vorher über meinen Leichnam gehen. Glaubst du mir das?«
Ich gab ein zustimmendes »Hm« von mir.
»Was ist eigentlich Leichnam?«
Zum ersten Mal erhellte eine große Freude Glorias Gesicht. Sie lachte, denn das Interesse an dem schwierigen Wort verriet ihr, dass mein Lebenswille wieder erwacht war.

»Leichnam ist dasselbe wie Toter, Leiche. Aber darüber wollen wir jetzt nicht sprechen, das ist nicht gut.«
Das fand ich auch, aber ich kam nicht von dem Gedanken los, dass er nun schon seit vielen Tagen ein Leichnam war. Gloria redete weiter und versprach mir alles Mögliche, aber ich dachte jetzt an die beiden Vögel, den Blauvogel und den Kanarienvogel. Was mochte mit ihnen geschehen sein? Vielleicht waren sie vor Trauer eingegangen wie der kleine Singvogel von Orlando mit dem roten Haar. Oder man hatte die Käfigtüren aufgemacht und sie freigelassen. Aber das wäre dasselbe wie der Tod. Sie konnten ja gar nicht mehr fliegen. Sie würden dumm auf dem Orangenbaum sitzen bleiben, bis die Jungen sie mit ihren Schleudern trafen. Als Zico kein Geld mehr hatte, sein Vogelgehege weiter zu versorgen, hatte er die Türen aufgemacht, und da war es ebenso grausam zugegangen. Nicht ein einziges Vögelchen war dem Geschick entgangen, totgeschossen zu werden.

Nach und nach lief zu Hause alles wieder seinen gewohnten Gang. Die alltäglichen Geräusche wagten sich wieder hervor. Mama kehrte an ihre Arbeitsstelle zurück. Der Schaukelstuhl kam ins Wohnzimmer, wo er immer seinen Platz gehabt hatte. Nur Gloria blieb auf ihrem Posten. Solange ich nicht auf den Beinen war, wollte sie mich nicht allein lassen.
»Iss die Brühe, Gum! Jandira hat das schwarze Huhn geschlachtet, nur um Suppe für dich zu kochen. Riech mal, wie sie duftet!« Und sie pustete auf den Löffel, um ihn abzukühlen.
»Wenn du magst, kannst du das Brot in den Kaffee tunken wie ich. Aber schmatz nicht! Das ist so hässlich.«
»Nanu, was ist das, Gum? Du wirst doch jetzt nicht weinen, weil das schwarze Huhn tot ist. Es war alt. So alt, dass es keine Eier mehr legte ...«

»So viel hast du getan, um schließlich herauszufinden, wo ich wohne.«

»Ich weiß, es war der schwarze Panther aus deinem Zoo, aber wir kaufen einen neuen schwarzen Panther, viel wilder als dieser.«

»Nun, du Ausreißer. Wo hast du denn die ganze Zeit über gesteckt?«

»Gloria, jetzt nicht. Wenn ich esse, muss ich mich wieder erbrechen.«

»Isst du denn, wenn ich sie dir später gebe?«

Und die Worte sprudelten heraus, ohne dass ich sie zurückhalten konnte:

»Ich verspreche dir, dass ich lieb bin, dass ich nicht mehr streite, dass ich keine Schimpfwörter mehr brauche, nicht mal ›Arsch‹ werde ich sagen ... Aber ich möchte immer bei dir bleiben ...«

Sie betrachtete mich besorgt, denn sie glaubte, ich redete wiederum mit Knirps ...

Zuerst war es nur ein leises Scharren am Fenster, aber dann wurde es zu einem Klopfen. Von draußen ertönte eine sanfte Stimme:

»Sesé ...«

Ich stand auf und lehnte den Kopf an den Fensterrahmen.

»Wer ist da?«

»Ich. Mach auf!«

Ich öffnete den Riegel, ohne Lärm zu machen, damit Gloria nicht aufwachte. Es war im Dunkel wie ein Wunder, denn vor mir stand Knirps und glitzerte in seinem ganzen Putz.

»Darf ich rein zu dir?«

»Natürlich darfst du. Aber mach keinen Krach, damit sie nicht aufwacht.«

»Das verspreche ich dir.«

Er sprang durchs Fenster ins Zimmer, und ich legte mich wieder ins Bett.

»Guck mal, wen ich dir mitgebracht habe? Er wollte dich unbedingt auch besuchen.«

Er streckte den Arm aus, und ich sah so etwas wie einen silbernen Vogel.

»Ich kann's nicht richtig erkennen, Knirps.«

»Sieh mal genau hin, dann wirst du eine große Überraschung erleben. Ich habe ihn mit lauter silbernen Federn herausgeputzt. Ist er nicht hübsch?«

»Luciano! Wie bist du schön! So solltest du immer aussehen! Ich dachte, du seist eins von den verzauberten Tieren aus dem Kalif Storch.«

Liebevoll streichelte ich seinen Kopf und fühlte zum ersten Mal, wie weich er war und dass auch eine Fledermaus Zärtlichkeiten gern hat.

»Etwas hast du noch gar nicht gemerkt. Betrachte mich mal genau!«

Er drehte sich um sich selbst und zeigte sich.

»Ich hab die Sporen von Tom Mix an. Der Hut gehört Ken Maynard. Die beiden Pistolen sind von Fred Thompson, der breite Gürtel und die Stiefel von Richard Talmadge. Und dann hat mir noch obendrein Senhor Ariovaldo das karierte Hemd geliehen, das dir so gut gefällt.«

»So was Schönes hab ich überhaupt noch nicht gesehen, Knirps. Wie hast du das bloß alles zusammengekriegt?«

»Ich brauchte ihnen nur erzählen, dass du krank bist, da haben sie es mir gegeben.«

»Schade, dass du nicht immer so angezogen bleiben kannst!«

Ich sah Knirps immerzu an und grübelte, ob er wohl wüsste, was ihm bevorstand.

Aber sagen tat ich nichts.

Jetzt setzte er sich auf den Bettrand. Sein Blick lag liebevoll und besorgt auf mir. Er näherte sein Gesicht dem meinen.

»Was ist los, Bébé?«

»Aber Bébé bist doch du, Knirps!«

»Na ja, dann bist du Schätzelchen. Darf ich dich nicht noch lieber haben als du mich?«

»Sag so was nicht! Der Doktor hat mir verboten, zu weinen und mich aufzuregen.«

»Das will ich ja auch gar nicht. Ich bin gekommen, weil ich sehr große Sehnsucht nach dir hatte und weil ich dich wieder gesund und froh sehen möchte. Alles im Leben geht vorbei. Und außerdem wollte ich dich auch zu einem Spaziergang abholen. Kommst du mit?«

»Ich bin sehr schlapp.«

»Ein bisschen frische Luft tut dir gut. Ich helf dir durchs Fenster hinaus.«

Und wir zogen los.

»Wohin gehen wir?«

»Wir wollen an der Rohrleitung entlangspazieren.«

»Aber ich möchte nicht in die Rua Baron Capanema. Nie mehr will ich dahin!«

»Wir gehen bis zum Ende der Rua dos Açudes.«

Jetzt hatte sich Knirps in ein Pferd verwandelt, das fliegen konnte. Auf meiner Schulter schwebte Luciano glücklich mit uns. An der Wasserleitung gab Knirps mir die Hand, damit ich auf den dicken Rohren nicht das Gleichgewicht verlor. Überall, wo sich kleine Löcher befanden, spritzte das Wasser heraus, wie aus winzigen Springbrunnen. Das war lustig. Wir wurden nass, und die Feuchtigkeit kitzelte uns an den Sohlen. Mir war ein bisschen schwindelig, aber die Freude, die mir das Zusammensein mit

Knirps bereitete, gab mir das Gefühl, wieder gesund zu sein. Jedenfalls schlug mein Herz unbeschwert.

Plötzlich ertönte von fern ein Pfiff.

»Hast du das gehört, Knirps?«

»Das ist ein Zug, ganz weit weg.«

Aber ein sonderbares Geräusch kam näher und näher, und neues Pfeifen durchschnitt die Stille.

Entsetzen packte mich.

»Das ist er, Knirps. Der Mangaratiba. Der Mörder.«

Und der Lärm der Räder auf den Schienen wuchs ohrenbetäubend.

»Steig hier herauf, Knirps! Schnell, Knirps, schnell!«

Knirps war mit seinen funkelnden Sporen etwas unbeholfen.

»Steig hoch, Knirps! Gib mir die Hand! Er will dich umbringen. Er will dich umbringen! Er will dich zerquetschen! Er will dich in Stücke schneiden!«

Kaum war Knirps auf das Rohr geklettert, da brauste der verfluchte Zug an uns vorbei. Er pfiff und stieß Rauchwolken aus.

»Mörder ...! Mörder ...!«

Der Zug indessen verfolgte eilig seinen Weg auf den Schienen. Und von Lachsalven unterbrochen tönte seine Stimme: »Ichwarnichtschuld ... Ichwarnichtschuld ... Ichwarnichtschuld ... Ichwarnichtschuld ...«

Alle Lichter im Haus gingen an, und schlaftrunkene Gestalten kamen in mein Zimmer.

»Das war ein Albtraum!«

Mama nahm mich in die Arme und drückte mich an sich, um mein Schluchzen zu stillen.

»Das war nur ein Traum, mein Kind ... Ein Albtraum.«

Ich begann wieder, mich zu erbrechen, während Gloria Lalá erzählte:

»Ich wachte auf, als er schrie: Mörder! Er sagte auch etwas wie umbringen, zerquetschen, schneiden … Mein Gott, wann wird das alles ein Ende haben?«

Aber wenige Tage danach war es zu Ende. Ich war dazu verurteilt, weiterzuleben. Zu leben. Eines Morgens kam Gloria strahlend herein. Ich saß im Bett und dachte traurig über das Leben nach.
»Schau mal, Sesé!«
Sie hatte eine kleine weiße Blüte in der Hand.
»Die erste Blüte, die Knirps getrieben hat! Bald ist er ein ausgewachsener Orangenbaum und fängt an, Früchte zu tragen.«
Ich glättete die weiße Blüte zwischen den Fingern. Ich wollte nicht mehr bei jeder Kleinigkeit weinen. Mochte es denn so sein, dass Knirps mir mit der weißen Blüte Lebewohl zu sagen versuchte. Er war aus der Welt meiner Träume hinübergewachsen in die der schmerzlichen Wirklichkeit.
»Jetzt wollen wir ein bisschen Brei essen, und dann spazieren wir durchs Haus, wie wir es gestern gemacht haben. Komm!«
Da kletterte König Luís auf mein Bett. Sie ließen ihn jetzt immer zu mir herein. Anfangs nicht, weil sie nicht wollten, dass er sich Sorgen machte.
»Sesé …«
»Was willst du denn, mein kleiner König?«
Er war wirklich der einzige König. Die anderen, Herz und Karo, Pik und Kreuz, waren ja nur Karten, beschmutzt von den Fingern, die mit ihnen spielten. Und der andere, *er*, er hatte es nicht so weit gebracht, ein richtiger König zu sein.
»Sesé, ich hab dich sehr lieb.«
»Ich dich auch, Luís.«
»Spielst du heut mit mir?«
»Mach ich. Was möchtest du denn spielen?«

»Ich möchte in den Zoo und dann nach Europa. Danach möchte ich in den Urwald am Amazonas und mit Knirps spielen.«
»Wenn ich nicht zu müde werde, können wir das alles machen.«
Gloria beobachtete glücklich, wie wir nach dem Frühstück Hand in Hand in den hinteren Garten gingen. Sie lehnte sich erleichtert an die Tür.
Ehe wir zum Hühnerstall kamen, drehte ich mich um und winkte ihr zu.
Ihre Augen leuchteten.
Mir war ganz klar, was in ihr vorging:
»Gott sei Dank, er lebt wieder in seiner alten Traumwelt!«
»Sesé ...«
»Hm.«
»Wo ist der schwarze Panther?«
Es war so schwer für mich, wieder mit alldem anzufangen, ohne noch daran zu glauben. Ich hätte ihm gern gesagt, wie es wirklich war.
Du Dummkopf, es hat doch hier nie einen schwarzen Panther gegeben, sondern nur ein altes schwarzes Huhn, und das hab ich in einer Suppe aufgegessen.
»Nur die beiden Löwinnen sind noch da, Luís. Der schwarze Panther macht Ferien am Amazonas.«
Es war doch besser, ihm seine Vorstellungen so weit wie möglich zu lassen. Als ich so klein war, habe ich ja auch an diese Dinge geglaubt. Der kleine König riss die Augen auf.
»In diesem Urwald hier?«
»Keine Angst! Er ist so weit weggereist, dass er nie mehr den Rückweg findet.«
Ich lächelte mit einer gewissen Bitterkeit. Der Urwald am Amazonas bestand ja doch nur aus einem halben Dutzend stachliger Orangenbäume.

»Weißt du, Luís, Sesé ist sehr schwach und muss umkehren. Morgen spielen wir mehr. Mit der Seilbahn und wozu du sonst Lust hast.«
Er war einverstanden und ging langsam mit mir zurück. Er war noch viel zu klein, um die Wahrheit zu erraten. Ich hatte einfach nicht bis zum Graben, dem Amazonasstrom, vorgehen, nicht dem entzauberten Knirps gegenübertreten wollen. Luís konnte nicht wissen, dass die kleine weiße Blüte unser Abschiedsgruß gewesen war.

ES GIBT SO VIELE ALTE BÄUME

Die Nacht war noch nicht hereingebrochen, da wurde die Nachricht bestätigt. Es schien, dass wieder friedliche Zeiten für unser Haus und unsere Familie kommen sollten. Papa nahm mich bei der Hand und setzte mich vor aller Augen auf seinen Schoß. Er schaukelte nur ganz leicht im Stuhl, damit mir nicht schwindlig wurde.

»Jetzt ist alles überstanden, mein Junge, alles. Auch du wirst einmal Vater sein und erfahren, was für schwere Augenblicke es im Leben eines Mannes gibt ... Da will gar nichts gelingen, und man gerät in eine Verzweiflung, die überhaupt nicht mehr aufhört. Aber jetzt ist es vorbei. Papa ist zum Leiter der Fabrik von Santo Aleixo ernannt worden. Nie mehr werden deine Schuhe zu Weihnachten leer sein.«

Er machte eine Pause. Auch er würde das wohl bis zum Ende seines Lebens nicht vergessen.

»Wir werden eine weite Reise machen. Mama braucht nicht mehr zu arbeiten und auch deine Schwestern nicht. Hast du noch die Schaumünze mit dem Indianerkopf?«

Ich suchte in meinen Taschen und fand sie.

»Gut. Ich will mir eine neue Uhr kaufen und sie dranhängen. Und eines Tages sollst du sie bekommen ...«

Portuga, weißt du, was Karborundum ist?

Und Papa redete und redete.

Seine Bartstoppeln kratzten mich im Gesicht. Der Geruch seines verschwitzten Hemdes stieß mich ab. Ich rutschte von seinen Knien herunter und ging zum Küchenausgang. Ich setzte mich auf die Stufe und betrachtete den Garten im schwindenden Tageslicht. Es war kein Zorn in mir, aber mein Herz lehnte sich auf.

Was will dieser Mann, der mich auf den Schoß nimmt? Er ist nicht mein Vater. Mein Vater ist tot. Der Mangaratiba hat ihn umgebracht!

Papa war mir gefolgt und sah, dass meine Augen wieder einmal voller Tränen standen. Er beugte sich tief zu mir herunter, um mit mir zu sprechen.

»Wein doch nicht, mein Junge! Wir werden in ein großes Haus ziehen. Ein richtiger Fluss fließt hinten vorbei. Und da sind viele große Bäume, die sollen alle dir gehören. Du darfst dir Schaukeln machen und sie dranhängen.« Ach, er begriff nichts. Er konnte nicht verstehen. In meinem Leben würde es keinen so schönen Baum mehr geben wie die Königin Carlota.

»Der Erste, der sich Bäume aussuchen darf, bist du.«

Ich blickte auf seine Füße. Die Zehen guckten aus seinen Sandalen heraus. Er war selbst ein alter Baum mit dunklen Wurzeln. Er war ein Vater-Baum. Aber ein Baum, den ich fast nicht kannte.

»Dann noch was. So ganz bald wird dein kleiner Orangenbaum noch nicht umgehauen. Wenn er einmal gefällt wird, bist du weit weg und wirst nicht darunter leiden.«

»Das hilft nichts, Papa! Das hilft nichts!«

Ich umklammerte schluchzend seine Knie. Und als ich sein Gesicht ansah, das gleichfalls nass von Tränen war, murmelte ich trostlos:

»Sie haben ihn längst abgehauen, Papa. Schon vor mehr als einer Woche haben sie ihn umgeschlagen, meinen kleinen Orangenbaum.«

SCHLUSSBEKENNTNIS

Wie viele Jahre sind seither vergangen, mein lieber Manuel Valadares. Heute bin ich achtundvierzig Jahre alt, und dennoch habe ich manchmal, wenn die Sehnsucht in mir aufsteigt, das Gefühl, immer noch ein Kind zu sein. Und irgendwann könntest du erscheinen und mir Bildchen von Filmstars bringen und noch mehr Murmeln. Du warst es, von dem ich gelernt habe, was Zuneigung und Zärtlichkeit für das Leben bedeuten, mein geliebter Portuga. Und weil ich weiß, dass ohne sie das Leben nichts ist, bin jetzt ich es, der Murmeln und Bildchen auszuteilen versucht. Manchmal gelingt mir das, was ich tue, manchmal – und das geschieht häufiger – greife ich daneben. In jener Zeit, in der Zeit, die unsere Zeit war, wusste ich nicht, dass viele Jahre vorher ein geisteskranker Fürst mit Tränen in den Augen vorm Altar gekniet und die Ikonen gefragt hatte:
»*Warum erzählen sie den Kinderchen solche Dinge?*«
Wahrhaftig, mein geliebter Portuga, mir haben sie solche Dinge sehr früh erzählt.
Gott sei mit dir!

Marie des Brebis

Nur wenige Tage alt und in eine Wolldecke geborgen, wird Marie inmitten einer Schafherde gefunden. Fortan heißt sie »Marie des Brebis«, Marie von den Schafen. Eine warmherzige Bauernfamilie nimmt sie auf, die weiten Wiesen und steinigen Hügel des französischen Quercy werden ihr zur Heimat. Als Hirtin ist ihr Leben durchdrungen von den Klängen der Natur, dem Geruch der Tiere und der Kraft der Jahreszeiten. Ihr Vertrauen auf das Gute in dieser Welt ist unerschütterlich, sie trotzt Schicksalsschlägen, erlebt zwei Weltkriege und schaut am Abend ihres Lebens dankbar zurück auf ein dramatisches Jahrhundert. Marie hat dem französischen Erfolgsautor Christian Signol ihre Geschichte erzählt, und er hat daraus eine der bezauberndsten Biografien des 20. Jahrhunderts geformt.

»Eine wahre Geschichte, die man sich schöner nicht hätte ausdenken können. Was ist diese Marie doch für ein wunderbarer Mensch: sanftmütig, weise, dankbar für die kleinen Freuden des Lebens. Erfüllt von dem Glück, diese liebenswerte Frau kennengelernt zu haben, klappt man das Buch zu.«
Critiques Libres

»Signol erzählt von vergangenen Zeiten, vor allem aber von Menschlichkeit. Das macht den Charme seiner Werke aus.«
Culture-Tops

Der Mönch, das Kind und die Stadt

In einem Bordell von San José kommt ein einäugiges Kind zur Welt, das folgerichtig auf den Namen Polyphem getauft wird. Die Huren verstecken den Jungen, und Jerónimo, Ex-Mönch und Bruder der Bordellköchin, kümmert sich um ihn und bringt ihm die Welt bei, wie er sie aus den gelehrten Büchern kennt. Mit einer Baseballkappe über dem Auge bricht Polyphem aus in die Stadt und spielt mit den Straßenkindern. Jetzt ist auch Jerónimo bereit, sich von Polyphem mitnehmen zu lassen, und gemeinsam ziehen sie durch die Straßen und Märkte, der Mönch und das Kind.

Única blickt aufs Meer

Hier auf der Müllhalde, wo die Sonne nur noch aus Gewohnheit aufgeht und die Regenbögen in den Ölpfützen sterben, lagert das schlechte Gewissen der Stadt. Das gigantische Müllmeer schwemmt alles an, was der Rest der Welt nicht mehr will – struppige Zahnbürsten, vergangene Nachrichten, alte Männer und vergessene Kinder. Única mag hier gestrandet sein, aber das ist noch lange kein Grund aufzugeben. Die eigenwilligen Gestalten in den krummen Hütten erklärt sie kurzerhand zu ihrer Familie, und gemeinsam tauchen sie in den unberechenbaren Fluten nach Beute: ein Rest Bohnen in der Dose, ein rostiges Stück Metall, und ganz vielleicht ein kleines bisschen Glück. In schillernden Farben zeichnet Contreras Castro die hässliche Fratze unserer gierigen Gesellschaft.

Ein Tag mit Herrn Jules

Alice und Jules, ein altes Ehepaar, haben ein morgendliches Ritual: Alice wird geweckt vom Duft des Kaffees, den Jules schon zubereitet hat. So auch an diesem Wintermorgen. Ein ruhiger Tag wartet auf Alice. Um zehn soll wie immer der autistische Nachbarsjunge David kommen, für seine übliche Partie Schach mit Jules. Doch als Alice ins Wohnzimmer kommt, sitzt Jules tot auf dem Sofa. Da beschließt sie, diesen Tag noch mit ihrem toten Mann zu verbringen. Denn es gibt das eine oder andere, was sie mit ihm zu klären hat und worüber sie nie gesprochen haben. Diane Broeckhovens Novelle über Alice und Jules und über David und Alice ist eine dichte, ergreifende, wunderbar feine Geschichte über Rituale, Liebe, Verrat und Verlust, ein Verlust, der am Ende auf wunderliche Weise ausgeglichen wird.

»Eine stille, gleichzeitig liebevolle und ironische Erzählung über Lebenslügen und den Mut, auch am Ende eines Lebens noch einmal neu anzufangen.« *Der Spiegel*

»Ein ganz liebenswertes, kleines, schönes Buch darüber, wie Rituale uns helfen, große Verluste zu überwinden.«
Elke Heidenreich

Pinnegars Garten

Herbert Pinnegar, ein Findelkind, entdeckt schon früh seine Liebe zu den Blumen und fängt als junger Bursche an, im Garten von Lady Charteris Unkraut zu jäten. Als der altersgrantige Obergärtner abtritt, schlägt seine große Stunde: Er übernimmt das Gartenregiment und teilt sein Leben fortan mit Heckenrosen und Buschwinden. Er ist ein Mann, dem sein Garten über alles geht, ein wandelndes Kompendium des Gartenwissens und ein Zauberer, der es schafft, seine Lady immer wieder in Erstaunen zu versetzen.

»Pinnegars Streifzüge durch seine wundersame Gartenwelt, die schnippischen Dialoge und witzigen Szenerien machen diesen Roman zu einer buchstäblich ersprießlichen Lektüre.« *NDR*

Charley Moon

An einer abgelegenen Biegung der Themse, dort, wo selbst das kleinste Ruderboot nicht weiterkommt, liegt Little Summerford, ein winziges, verschlafenes, aber paradiesisches Nest mit üppigen Blumenwiesen und prallvollen Fischteichen. Hier wohnt in einer alten Mühle Charley Moon, ein treuherziger Querkopf, der mit seinen Späßen das ganze Dorf unterhält. Bis eines Tages auf einer Amateurbühne sein Talent entdeckt wird und er eintaucht in die glamouröse Welt der großen Bühnen. Von den Zuschauern gefeiert und von den Frauen geliebt, lebt Charley Moon einen Traum – doch London ist nicht Little Summerford, und so ganz kann sein Herz Rose, die Jugendliebe aus dem Dorfladen, und das kleine Dorf zwischen den Hügeln nicht vergessen.

»Ein ruhiges Buch mit viel Charme und Esprit, viel Wärme, britischem Witz und Humor.« *Buchhandlung Oelbermann*

Christine Dwyer Hickey im Unionsverlag

Schmales Land

Es ist das Jahr 1950. Mit einem Comic-Heft und einem Schokoriegel in der Tasche kommt Michael, ein 10-jähriger deutscher Waisenjunge, in Amerika an. Ein Sommer am Meer in Cape Cod soll die Schrecken des Krieges verblassen lassen. Licht tanzt über die Dünen und ergießt sich über kanariengelbe Sonnenschirme, doch weder das noch die Familie, die ihn aufnimmt, lindern Michaels Verlorenheit. Erst durch die eigenwillige Mrs Aitch, eine Künstlerin, die im Schatten ihres berühmten Mannes an der Bucht lebt, öffnet sich ihm in der unvertrauten Idylle eine neue Welt. Mit kraftvollem Pinselstrich malt Christine Dwyer Hickey das leuchtende Porträt eines Sommers, einer Ehe und einer ungewöhnlichen Freundschaft – und fängt die Farben von Einsamkeit, Nähe und Momenten flüchtigen Glücks ein.

Alle unsere Leben

Es ist der Beginn einer vier Jahrzehnte andauernden Suche nach Liebe: 1979, in einem weiten, gnadenlosen London, finden sich zwei irische Außenseiter – Milly, eine junge Ausreißerin, und Pip, ein talentierter junger Boxer. Sie verlieben und verlieren sich ineinander, doch das Leben drängt sie in unterschiedliche Richtungen. Immer wieder kreuzen sich ihre Wege, wandern die Gedanken zum anderen. Vierzig Jahre später klammert sich Milly an das einzige Zuhause, das sie je gekannt hat, während Pip durch die Straßen Londons streift und mit seinen Dämonen kämpft. Zwischen ihnen, vielleicht unüberwindbar, liegt ein ganzes Leben. In einer sich ständig wandelnden Stadt entfaltet sich eine epische Geschichte über Einsamkeit, Sehnsucht, Menschlichkeit und Liebe.

»Hickeys literarische Präzision nimmt uns gefangen, bis wir am Ende des Buches wieder von vorn beginnen.« *The Guardian*

Die Himmelskugel

Mitten im Atlantik, auf der Insel St. Helena, träumt der achtjährige Angus einen großen Traum: Er will in die Fußstapfen des berühmten Sternenforschers Edmond Halley treten. Fleißig übt er sich in wissenschaftlichen Methoden, zählt Vögel und markiert die Position der Sterne. Als es auf der Insel zu Unruhen kommt, rückt die Erfüllung seines Traumes plötzlich in greifbare Nähe: Mit einem geheimen Brief wird er als blinder Passagier an Bord eines Schiffes geschickt, um im fernen London die Hilfe des geschätzten Herrn Halley zu erbitten. Eine außergewöhnliche Geschichte über die Anfänge der Aufklärung, über den Traum vom Wissen und die Freundschaft zwischen einem kleinen Jungen und einem großen Gelehrten.

»Ein opulenter Roman über Außenseiter, Wissenschaft, Freiheit und Unterdrückung – mit dem offenen Blick eines Achtjährigen erzählt.« *taz*

»Jalonens Roman sprüht vor Erzählfreude. Er erzählt von Kolonialismus, religiösem Wahn und dem Heraufziehen des wissenschaftlichen Weltbildes.« *Neue Zürcher Zeitung*

»Nicht zuletzt erzeugt der von Stefan Moster hervorragend übersetzte Roman *Die Himmelskugel* Vertrauen in die Wahrhaftigkeit einer kunstvoll gestalteten Fiktion. Ein leuchtender Stern im planetarischen Literaturnebel unserer Tage.« *SWR*

Im Verlag Urachhaus erschienen

ANNA GOLDSWORTHY *Piano Lessons*

Anna Goldsworthy ist neun Jahre alt, als die aus Russland emigrierte Klavierlehrerin Eleonora Sivan sie in den Kreis ihrer Schüler aufnimmt. Schon bald bemerkt Anna, dass Mrs. Sivan eine ganz besondere Lehrerin ist. Sie begleitet Anna im Laufe der Jahre nicht nur durch die Sternstunden und Tiefpunkte einer musikalischen Ausbildung, sondern lehrt sie auch die unendliche Weisheit, die in der Musik verborgen liegt. Offen und humorvoll beschreibt Anna Goldsworthy die Hoffnungen und Ungewissheiten ihrer Jugend, immer das Ziel vor Augen, eine große Pianistin zu werden.

Piano Lessons ist ein faszinierender Beleg dafür, wie eine außergewöhnliche Lehrerin ein Leben vollkommen verändern kann. Ein Buch, das jeden Menschen, der jemals eine Musikstunde gehabt hat, tief berühren wird. Eine beeindruckende Huldigung an eine großartige Lehrerin und das Wunder der Musik.

»Jeder Lehrer, egal welchen Fachs, sollte dieses Buch lesen. Zweimal!« *Philip Levine, Pulitzer-Preisträger*